日々が大切

大橋　歩

集英社文庫

はじめに

私が子育てをしていた頃から比べると、生活がずいぶんよくなりました。
食べるものも着るものも。
だからといって子育てがしやすくなったとは思いませんし、子育てがより
楽しくなったとも思いません。子供は変わりませんから。
ケチャップ味のナポリタンしかスパゲティの味を知らなくても、
底の薄いスニーカーでも、子供は親が見守っていれば育っていきました。
私の場合は始終見守っていられなかったので、子供はおろおろ育ちましたが。
そうやって育てたことに悔いがなくはないけど、どこともひけをとらない
愛はあったと思っています。愛についてはやたらなんでもにあるほうなのです。
努力して生活をしてきたから、
『LEE』のコラムを14年も続けさせてもらえたのだと思う。
日々が大切。今日どうあるかが大切。
家族のこと、家事のこと、仕事のこと。愛を込めて。

もくじ

2. 暮らしを楽しくする仕事

5. 楽しきかな エコロジー生活

日々が大切　大橋 歩

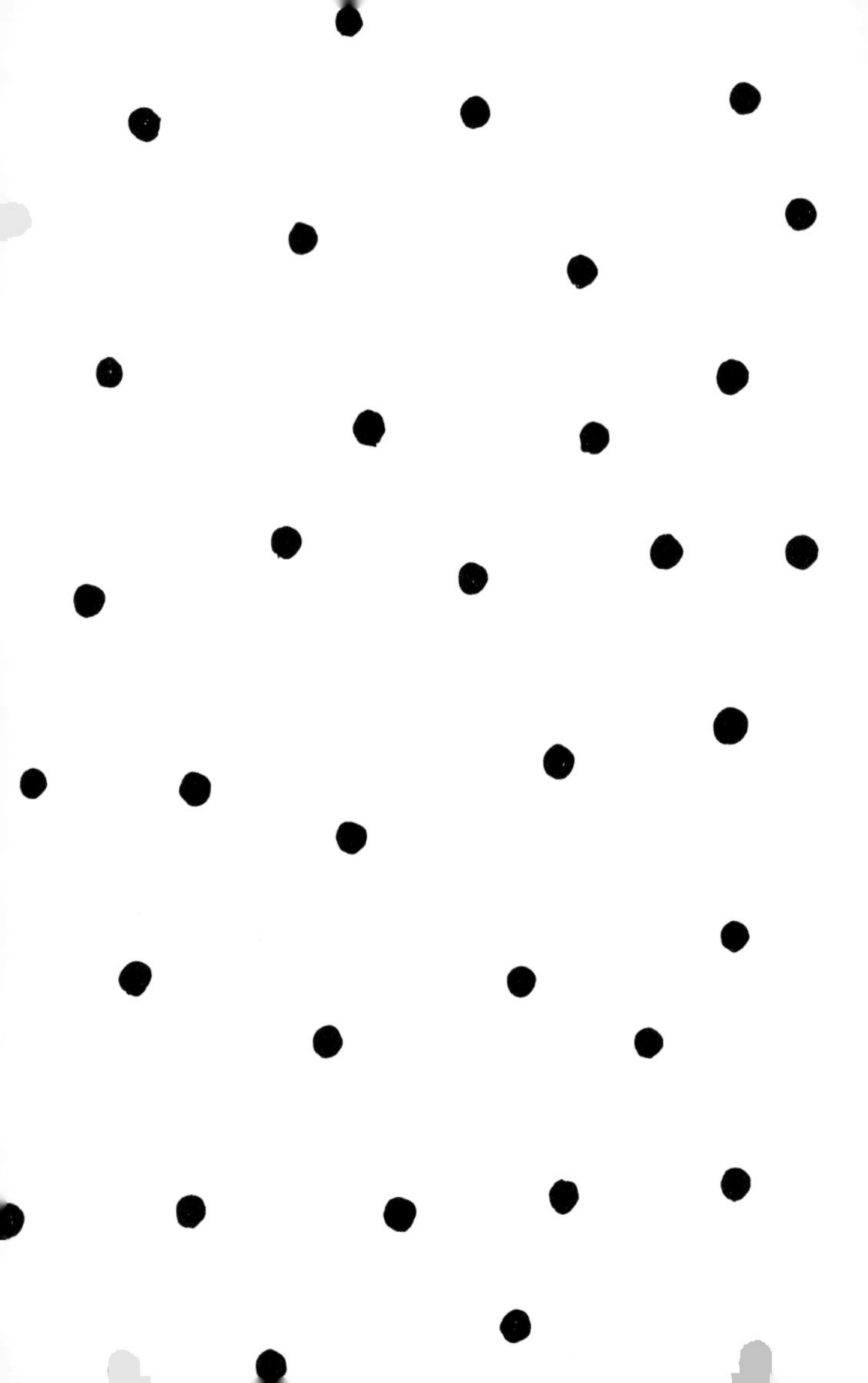

1.

暮らしの雑貨・
いいもの見つけた

手さげ袋が大好き

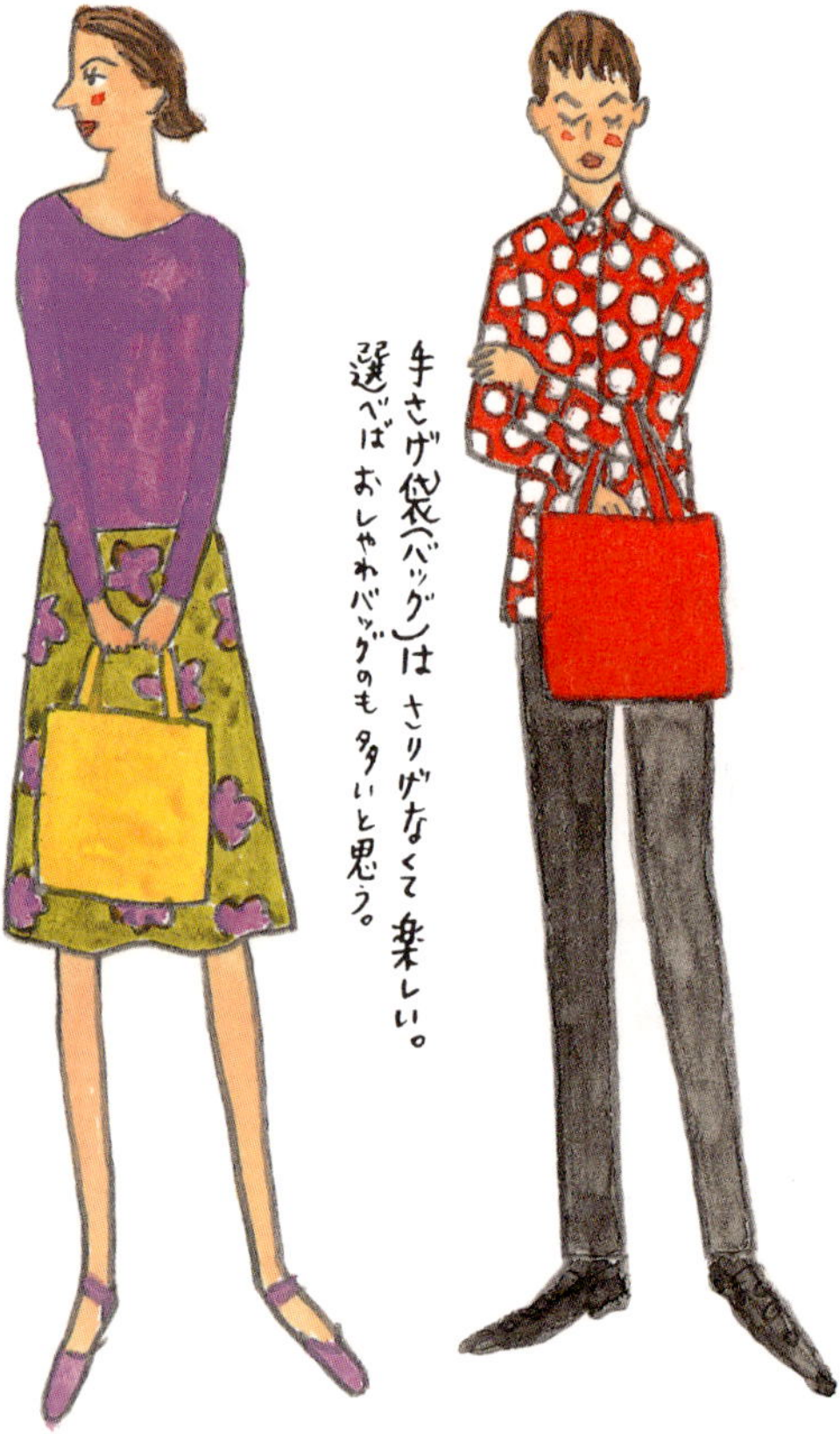
手さげ袋(バッグ)は さりげなくて 楽しい。
選べば おしゃれバッグのも 多いと思う。

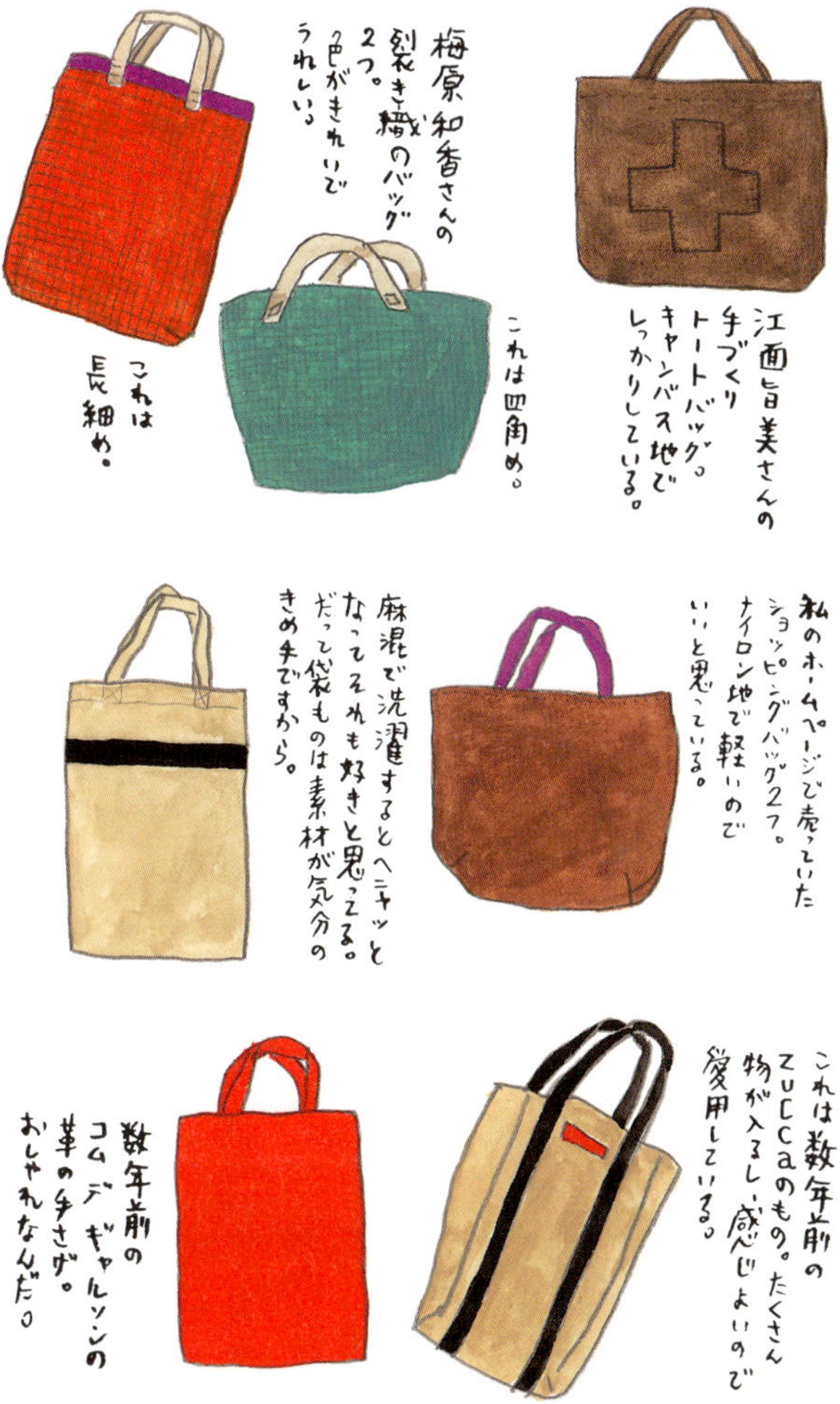
梅原和香さんの
裂き織のバッグ
2つ。
色がきれいで
うれしい。
これは四角め。
これは長細め。
江面旨美さんの
手づくり
トートバッグ。
キャンバス地で
しっかりしている。
私のホームページで売っていた
ショッピングバッグ2つ。
ナイロン地で軽いので
いいと思っている。
麻混で洗濯するとヘニャッと
なってそれも好きと思ってる。
だって袋ものは素材が気分の
きめ手ですから。
これは数年前の
zuccaのもの。たくさん
物が入るし、感じよいので
愛用している。
数年前の
コム デ ギャルソンの
革の手さげ。
おしゃれなんだ。

不思議なトートバッグ
（コム デ ギャルソン）
底は四角く、横も
約四角い。クロスする
ように手さげテープが
つけられている。

私が持ってみたら
上のテープを持ち手に
するのが
よいみたいでした。

青山のコム　デ　ギャルソンに、ちょっとおもしろい形の手さげ（バッグ）が↘ありました。なぜか手さげが大好きで、感じのいいのを見かけると買ってしまいますから、たくさん持っているのですけど、一風変わった形のそれは、近ごろ袋物の買い物をセーブしていたのに、買わないではいられませんでした。物がたくさん入りそうで、持ちやすそうで、コムデのだからカッコいい（私ファンです）。ウキウキ。

スーパーマーケットでは買い物をビニールや紙袋に入れてくれますね。都内は今のところは無料ですが、有料になったところもあるそうです。

ゴミを増やさないように買い物袋は持参が正しいけど、人間らしくすると怠け者になるのですよ。わかっているけど手ぶらで買い物に行く。私なんか車に置いているのに、忘れて買い物して、レジで、あっそうだったと思い出してる。要するにエコ意識が低い。

でもデパートには手さげを持っていきます。で、感じのいいのを選んでいくのです。デパートですから気取っちゃう。スーパーマーケットのスタンプをためたらもらえるロゴ入りのは、なんか恥ずかしい。私はＺＵＣＣａのやらにしています。

トートバッグは、手と底が赤とか紺で、本体は白のキャンバス地の、アメリカ製Ｌ．Ｌ．ビーンのものが基本形のような気がしていましたけど、フランス製のシャプリエの、底が四角いナイロン地のも、ずいぶん人気でした。あれ、前はかなりおしゃれっぽかった。

おしゃれと言えば江《え》面《づら》旨《よし》美《み》さんの手作りのトートバッグは、大人っぽくて素敵です（文化出版局から本が出ています）。たまーに西麻布の桃居で、展覧会をなさるけど、人気ですぐ売り切れてしまうのです。それから梅原和香さんの裂き織りの手さげもとってもいい感じ（原宿のＺａｋｋａで売っていたけれど、今は展覧会活動のみ）。色がきれいで大好き。

これからの季節、色ものもいいですよね。

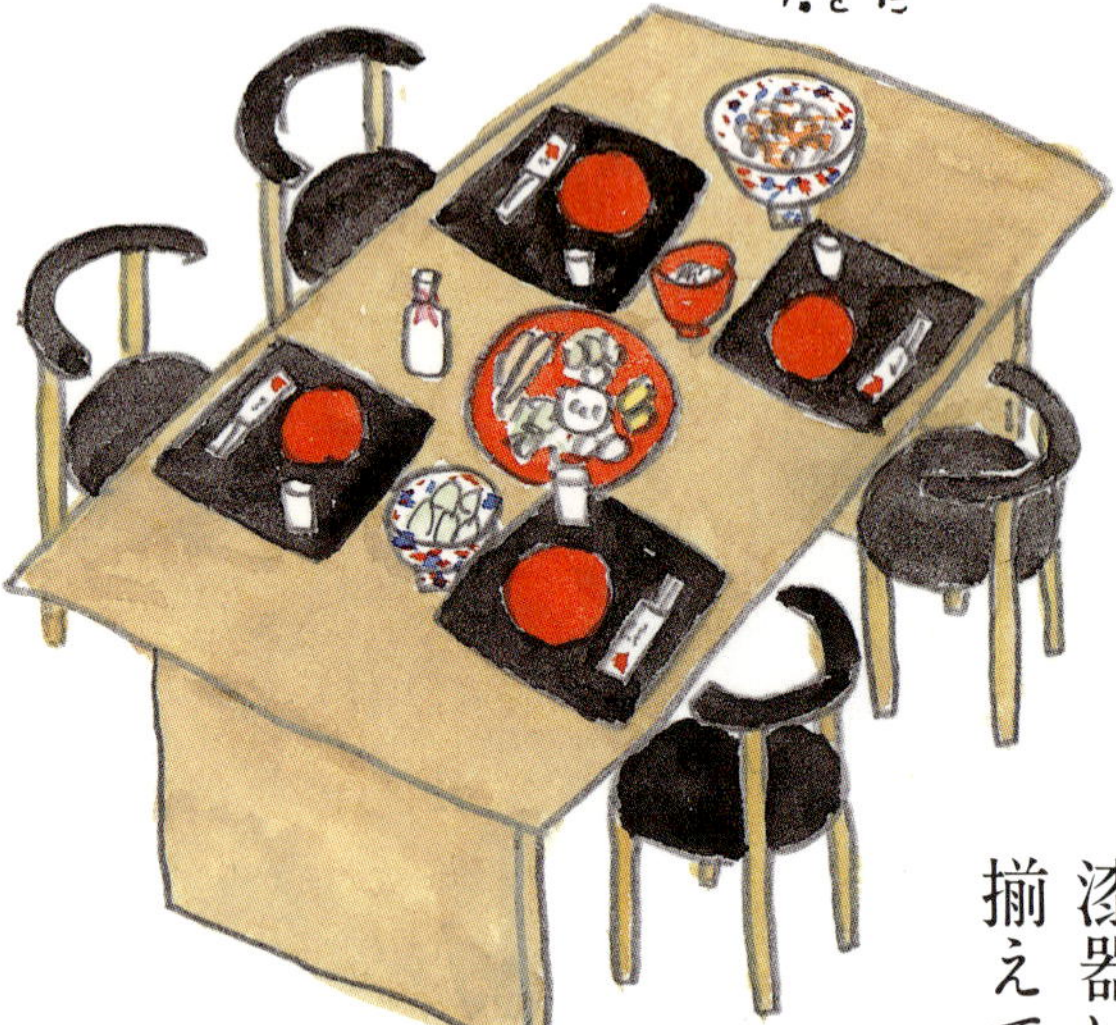

漆器はいいものを少しずつ揃えていくのでいいと思う

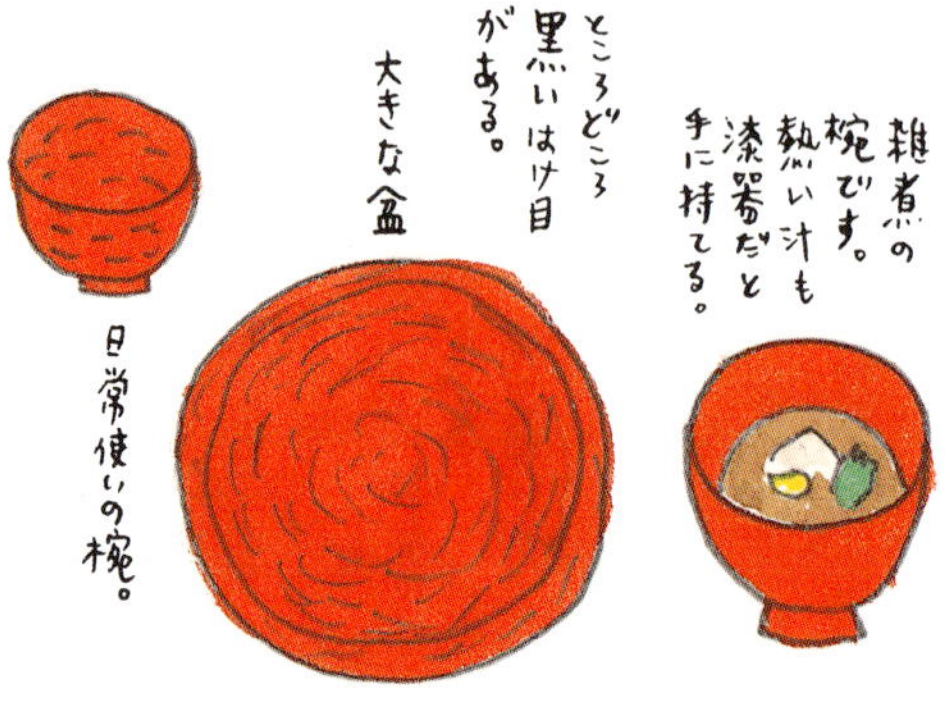

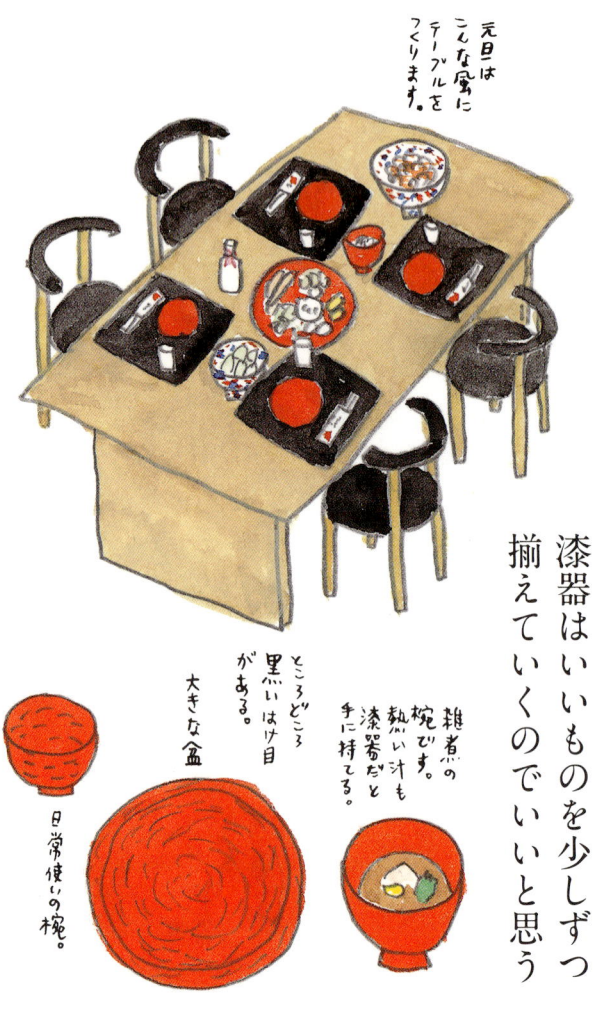

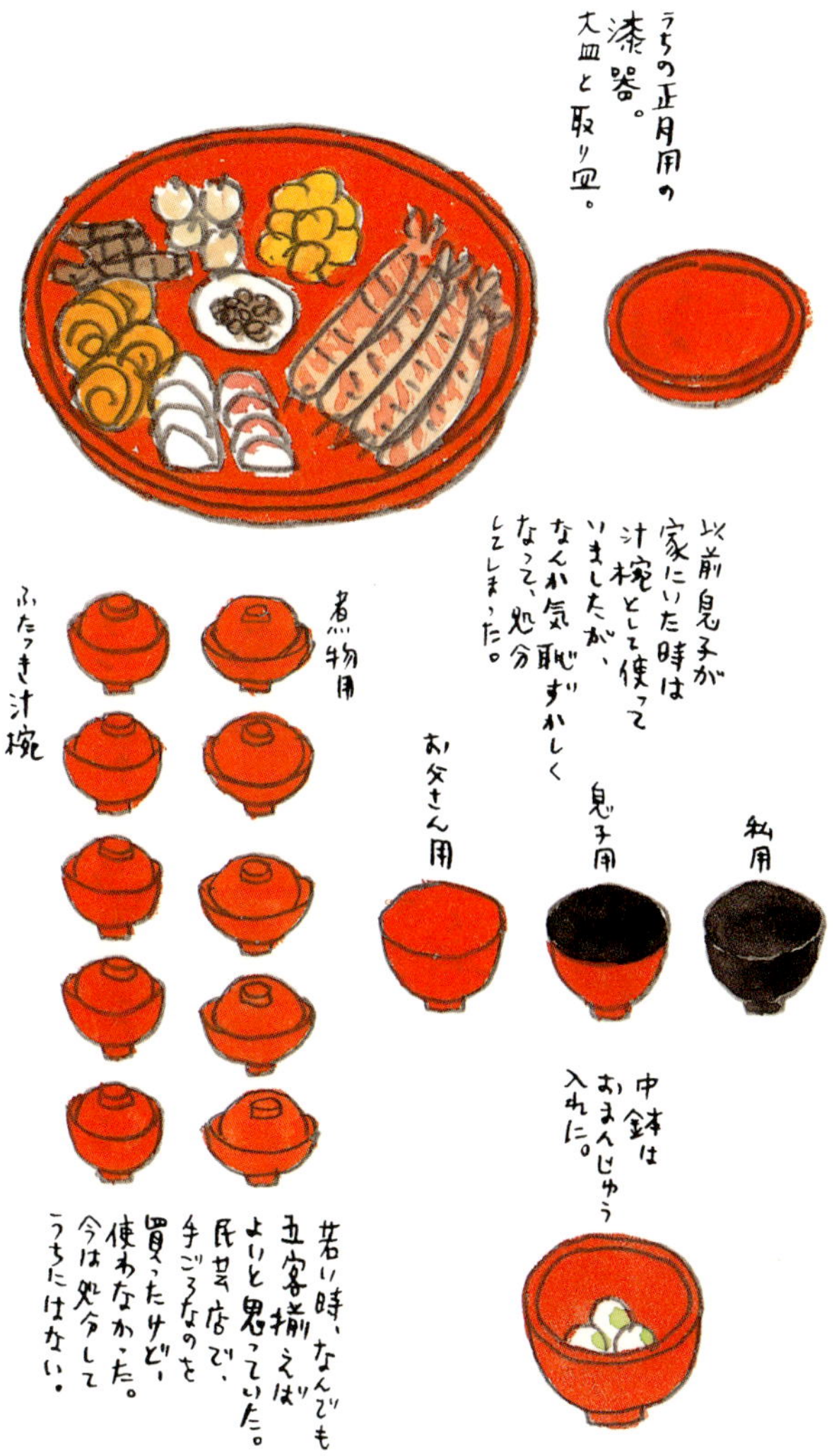
うちの正月用の漆器。大皿と取り皿。
以前息子が家にいた時は汁椀として使っていましたが、なんか気恥ずかしくなって、処分してしまった。
煮物用
ふたつき汁椀
お父さん用
息子用
私用
中鉢はおまんじゅう入れに。
若い時、なんでも五客揃えはよいと思っていた。民芸店で、手ごろなのを買ったけど、使わなかった。今は処分してうちにはない。

12月になるとデパートの食器売り場に、お重やお椀などの漆器類がたくさん並びます。お正月用なのです。

うちは、ありあわせのめでたそうな器に盛ることにしています。めでたそうな器を正月用に使っているうち、そういうのはふだん使いをしなくなりました。ありあわせですからいろいろですけど、正月にしか出さないので、正月らしい食卓になっていると思います。

今うちにはお重がありません。おせちは漆器の大皿に盛ります。その大皿に六寸の取り皿が5客セットになっていますから、よそ行きな感じ。それから、とっておきの赤絵の伊万里のフタ付き小どんぶりに雑煮を入れていました。でもここ2~3年はふだん使いの漆器の大きめの椀を使っています。漆器のほうが手に柔らかいのです。

漆器の赤と黒、どっちが上等か知っていますか?

例えば黒の椀と赤の椀を夫婦で使うつもりで買ったとします。昔の人は赤いのはご主人に、黒いのは奥さん用にしたらしいのです。黒より赤のほうが手がかかっているからだそうです。今は好みで選べばいいのですけれど。

黒の利休盆もうちの正月用です。皿や椀は赤い色だけです。赤い漆器は正月の食卓をおいしそうに見せてくれますから欠かせません。

　でもどれもこれもいっぺんに揃えたわけではありません。いいなと思うものを見つけた時、服を買う予定だったのを、諦めたこともありました。

　いっぺんにいいものを揃えるのは大変ですから、バラバラにいいものを買うのが私のおすすめ。

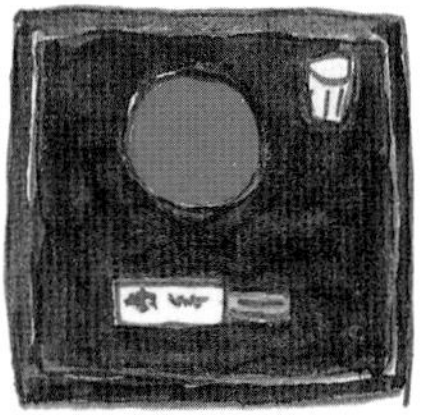

利休盆です。正月用にしています。

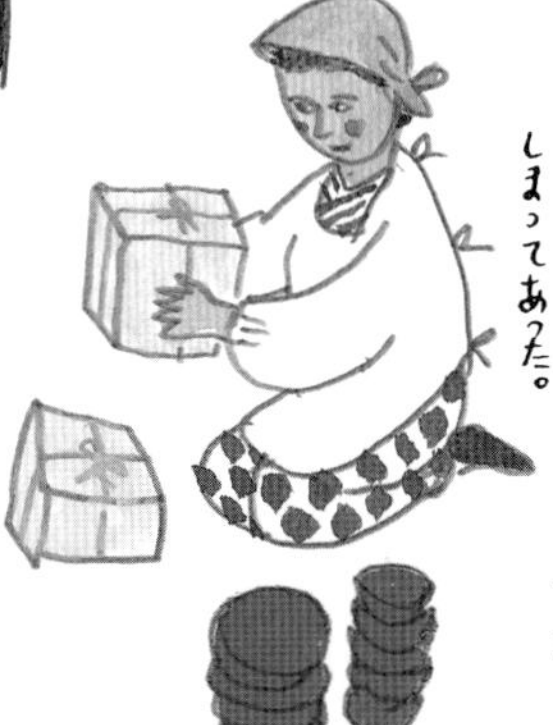

昔はお正月にもよそいきの器を出して使ったんだと思う。よそいき用は、ちゃんと箱に入れてしまってあった。

実はフキン持ち
なのです

六本木のリビング・モティーフで見つけた麻のふきん。大判で上等の感じでした。

リビング・モティーフ
でんわ03-3587-2784

リビング・モティーフに売っていたディッシュクロス（と書いてあった）。小さめ。

友人は子育てしたことないからおむつをふきんに使えるのね。

つい最近原宿のzakkaに行ったらつくりたてのすてきなふきんを見つけた。どちらも麻地です。

zakka
FAX 03-3407-7003

だいぶ前のことですが、友人はきれいのおむつ(新品)を食器ふき(フキン)にしていました。おしっこをしみ込ませるおむつなら、当然食器ふきとしても優秀というわけです。かなり大判ですからミート皿もゆうゆうとふけそうでした。

私は麻や木綿のワッフルのフェイスタオルを食器ふきとして流用してきましたが、おむつの発想には至りませんでした。その友人の発想、と言うか着眼には感服で脱帽。でもまねはできませんでした。というのは、私は子供を育てましたから、おむつのイメージがぬぐえないのです。友人は子供がいないので、抵抗がないいんだと思う。↘

日本の昔のフキンは小さいですね。茶碗、汁椀、小皿といった和食器の大きさで、フキンの大きさが決まるんでしょうか。

今私たちの食生活は欧米化しています。で、食器の大きさも違ってきたのだと思う。するとフキンも大きいのが必要になってきた。

私の知る範囲では、日本製の食器フキンはまだまだ納得できるのがない。それでワッフル、けばの出の少ないフェイスタオル、輸入物の麻のタオルなどを使ってきました。私の友だちの海外旅行のおみやげはフキン(しゃれて言えばキッチンクロス)が多いです。大きいし、ふき取りもいいのですご〜くうれしい。

ところがなぜかガラスや食器洗い用のクリーニングクロス（超極細繊維の布）だけは日本製が優れていると思う。あの布は食器以外にも応用できるのご存じですか？　私はあれで台所回りや家中のペンキ塗りの壁の掃除をしています。よく落ちるし、なにしろ洗剤いらずですから水洗いのできない場所にはいい。

食器ふきフキンに戻りますが、近ごろ食器乾燥機も出ていますけれど、私はそういうのを利用したいと思わないので、感じいい手作りとか輸入物のフキンに出会うとつい買ってしまい、実はフキン持ちなのです。

私の足にぴったりのゴム長靴

ここのところ世田谷で愛用の
ゴム長靴。
エーグル（フランス製）。
ゴムがベタベタしない。
だから形がくずれない。
なかなかの
すぐれもの。

雨の日は犬に
古いTシャツの
袖を切りとったのを
着せる。
お腹に泥のはねが
つくからね。

新しく買った
ゴム長靴。
おっさんぽい。
雨靴用ではなく
園芸用。
スコットランド製。
天然ゴム100%で
手づくり
ですって。

うーんいい感じ。
はき心地が
とってもいい!

ずいぶん前に
ズッカで売っていた
ゴム短靴。
三足買って
二足犬に
かじられた。
代官山の
おしゃれな店
でも売っていたから
もう一足買った。
だって街中でも
はけるから。
今はもう見かけない。
残念(フランス製)。

朝5時半は犬の散歩に出る時間です。毎日必ずです。

うちの犬は散歩でおしっことウンチの用をしますから、今日は雨だからやめたというわけにはいきません。雨でも雪でも嵐でも散歩をします。大変じゃないわけではないけれど、習慣になっているので、苦痛ではありません。むしろ散歩の後の朝食はおいしいし、運動にもなるし、1日が規則正しく過ごせる(夜は10時半には眠くなり、夜更かしなんてできないし、夕方も散歩をさせるので、それに合わせて帰宅する)から、いいことが多いと思っています。

散歩のための用意は万全とはいかないけど、困らない程度に整えています。例えば手袋、帽子、ウインドブレーカー、歩きやすいスニーカー、それに雨具。

この前もう1足長靴を買いました。実は熱海のセカンドハウスをやめて、今度は千葉の富浦に倉庫兼アトリエを作りました。そこではくゴム長靴です。

犬の散歩用のゴム長靴は、おしゃれ感覚で選ぶより、丈夫ではき心地のよいものに限ります。日本製のおしゃれ長靴はすごーいよい出来ではないと思う。まずゴムのへたりが早いのですよ。それからはき心地もヨーロッパのものと比べると落ちると思う。やっぱりねえ、靴の歴史があるからでしょうね。

二子玉川のガーデンアイランドの第一園芸（今はない）で富浦用のを見つけました。ふくらはぎの長さですが、足を入れたらフィット感が優れていたのです。足裏に合わせた中底なのだと思います。なんて言うか、シンデレラがはいたガラスの靴――シンデレラの足にぴったり――の感覚って言うのかなあ。ハハハ、私には農作業用のゴム長靴なんだけど（そういう点でもぴったり）。

さてこれで富浦での犬の雨の日散歩も安心。よかった、よかった。

大雨の日だって
普通にうんちをする。
傘さしてレインコート着て
長靴はいて装備は完璧。
うんちをとる時はこれくらい
してないと私ぐしょぬれに
なります。
うんちは広告のちらしの紙を
おしりの下に敷くのです。
それごとビニール袋に入れて
持ち帰ります。

夏休みにはいい感じの麦わら帽子が欲しい

ずーとずーと前の
コムデギャルソンの
シュークリームみたいな
パナマ帽。
私の大事です。

帽子大好きだけれど
汗かくねえ。それから
髪がくちゃっとなる。

やっぱり
ずーっとずーっと前の
コム デ ギャルソンの
これはストローの帽子。

ベルレッタの
ラフィアの
シンプルな
帽子。

ベルレッタの
ストローの帽子。
リボンが大きく
結んであって
すてきです。
また、ベルレッタでは
リボンをつける時、
きつくしたりゆるく
したりして
大きさ（頭まわり）を
調節してくれます。

ベルレッタ
でんわ 03-3701-0842
http://home.catv.ne.jp/dd/honda/

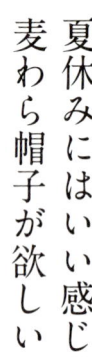

リゾート地では気に入った帽子があると楽しさが増すのです。
男もののパナマ帽です。イギリス製です。
男もののうしろはあがっている。クラウン(山部)は中折れになっている。
うしろを下げてかぶる
中折れもふくらませる。
うしろ
男ものはこうやってズボッとかぶります。
買った時、ちゃんと箱に入れてくれる帽子は、ちゃんと箱に入れてしまっておく。
ベルルッタ
コムデギャルソン

子供の頃は
麦わら帽を
かぶり
ました。
日射病に
ならない
ようにって。

ずいぶん前、コム　デ　ギャルソンでシュークリームの皮のようなパナマの帽子を買いました。リボン飾りのないそっけない見かけでしたけど、2重になっているブリムが、かさかさとふっくらと、素敵においしそう。愛用しました。

前々から麦わら帽系が好きで、男物の中折れ帽(パナマ)を、中折れにしないでズブッとかぶったりもしていました。でもコムデのそれを手に入れてから、ちゃんとしたものが欲しくなり、コムデでは二つ目、カンカン帽スタイルのストローハットも買ったのです。それは編み目がきちんと詰んでいるから、かぶると頭に汗をかくのですね。でも気に入っていいました。好きと思うともっと欲しくなるのが私のクセ。このクセ、いいんだかよくないんだか(ほとんどよくない)。

ちょうどラフィアという植物の繊維で編んだものが出回り始め、ヘレンカミンスキーのが出てくる前に手に入れたものがあります。それ、重くて失敗。カミンスキーのももちろん買いましたよ。あの手は街でかぶるより郊外でかぶるタイプと思います。

数年前の初夏、雑誌に素敵なストローハットが紹介されているのを見て、ワクワクしてその店、ベルレッタに電話をかけたのです。幸い家からそう遠くなかったので、押しかけ、いろいろ試させてもらい、ブリムが広めので、黒いリボン飾りのをゲットしました。でも、ベルレッタで好きだけど似合わないものがあることを知りました。その似合わなかった黒の太いリボンのは今でも忘れられません。

帽子を買うと形が崩れないように大きい箱に入れてくれますの。置き場所に困らなくはありませんけど、あれのおかげでずいぶんと前の帽子もちゃんと形を保っています。

いいストローとかの帽子を持っていると、夏が楽しいです。

弁当包みは竹の皮にしようと思う

ピクニックにもいいけれど、子供会や、ちょっとした友達の集まりに出すのもいい感じと思います。

きょうぎを竹皮のようにして食べものを包む。

きょうぎは20枚で360円でした。

①竹皮をクロスさせて、まん中に食べものを置きます。

孟宗竹の皮5枚入りでひも付きで250円でした。

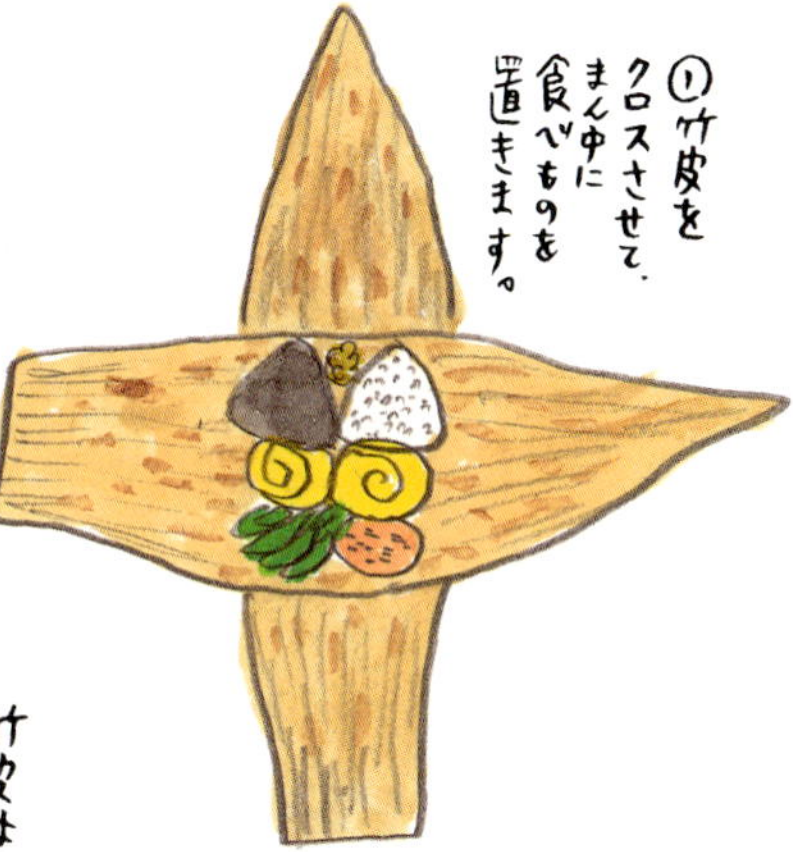

竹皮はぬれたふきんでよくふいて使いますが、ひもつきじゃなかったらはしをさいて使います。

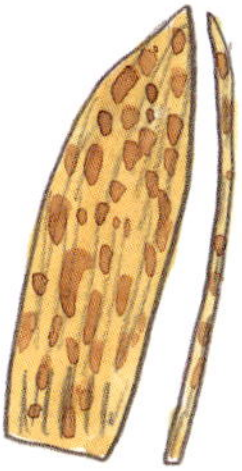

②外側の皮を折ってから内側のを折って包みます。

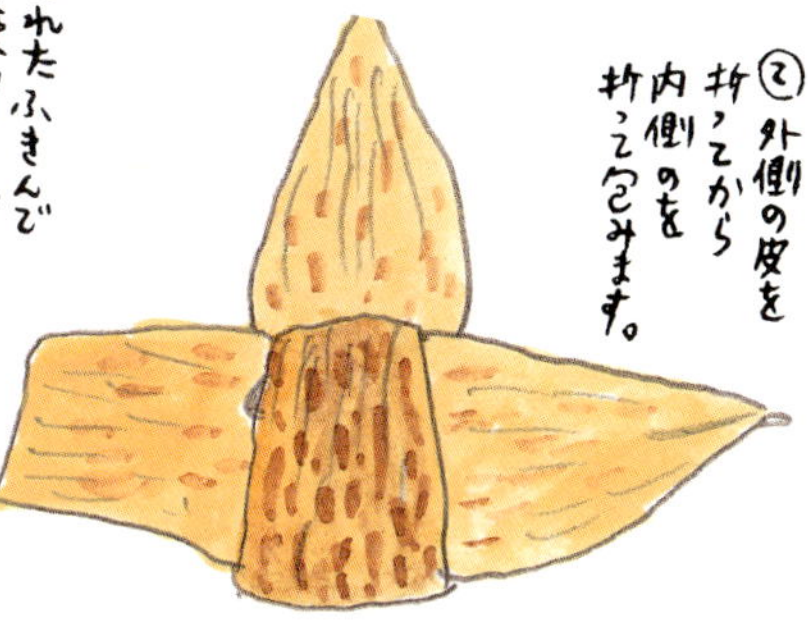

竹皮のひもで結ぶのもいいけど、きれいなひもを使うのもいいと思う。

それを布で包む。一人前のお来上がり。

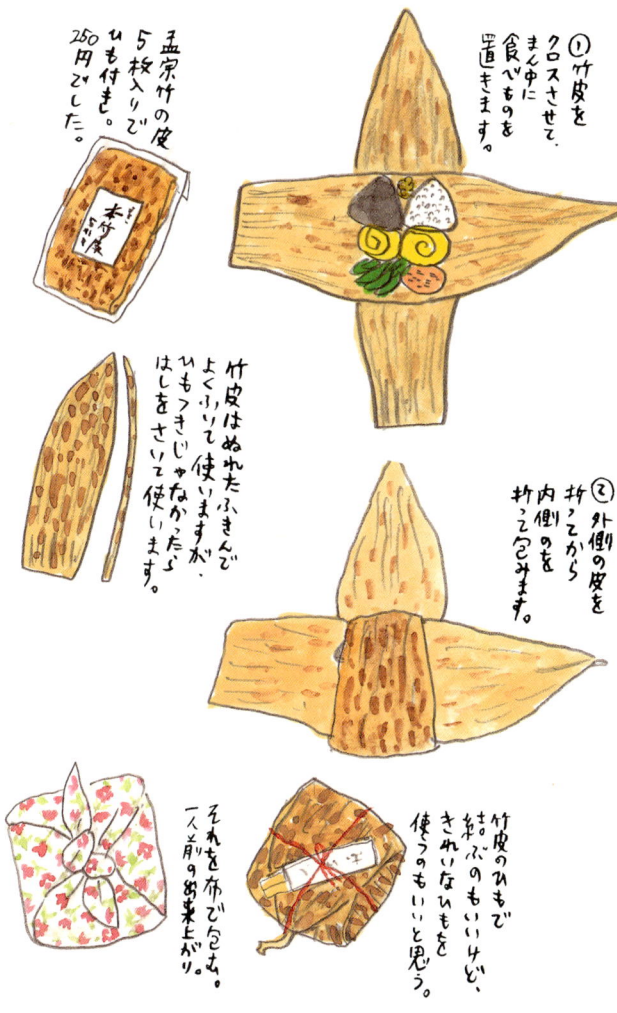

春は野原や海岸や公園で昼食をすることが楽しい季節です。私がおにぎりに卵焼きに鶏の唐揚げにアスパラのごま和えなどをお重に詰めて、番茶をポットに入れて、敷物も持って、えっちらおっちら公園に行っていたのは、ずいぶん前のこと。今はそんなに大変なことはしなくなりました。

近ごろお弁当はマーケットで、お茶は缶入りのを自動販売機で買って、ピクニックに行く人も多いでしょ。だってなんでも売っているのですから。

この前デパートのおにぎり売り場に行列している大人の女性たちを見ました。おにぎりですら作るより買う時代なのです。でも私が公園にお弁当を持っていくとしたら、買ったものじゃなく作ります。前みたいにいろいろは作らないけれど、おにぎりぐらいは握ります。でももう、お重には詰めない。あれ、けっこう重いのです。帰りはなるべく手ぶらがいいと思う。ゴミを持ち帰るとしても軽いのがいいし。だから私は竹の皮でおにぎりを包むことに決めました。

竹の皮は殺菌力があるそうなのです。昔からにぎりめしを竹の皮に包んでいたのはそういう理由があったのでしょう。

で、私は今年はぜいたくに2枚も使って包装しようと思っています。というのは前に高知のエスニック食堂のお持ち帰

竹皮を買ったついでに、おでんの串を買いましたが、ウィンナーソーセージをさしたり、ちくぜん煮をさしたりするのも、弁当向き。
子供の頃 竹のこの季節になると、生の竹の皮に梅干しを入れ三角に折ってチューチューすったものでした。おやつにお菓子は出なかった。

りランチの竹の皮の包みが素敵だったのでまねてみたかったのです。今までまねなかったのは、2枚も使うのをもったいないと思っていたから。ヘンなところがケチな私です。

ずいぶん前のことですが、カフェでテイクアウトのカフェラテを買ったら、かき混ぜるスプーンがスプーンの形に切った薄い木でできていたのです。なぜか涙が出るほど感激したのでした。

自然な素材は気持ちにいい。だから公園に行く時は竹の皮で包んだお弁当にするのが、正しいみたいだと思うのです。

カトラリーを揃える時は よくよく考えて納得して

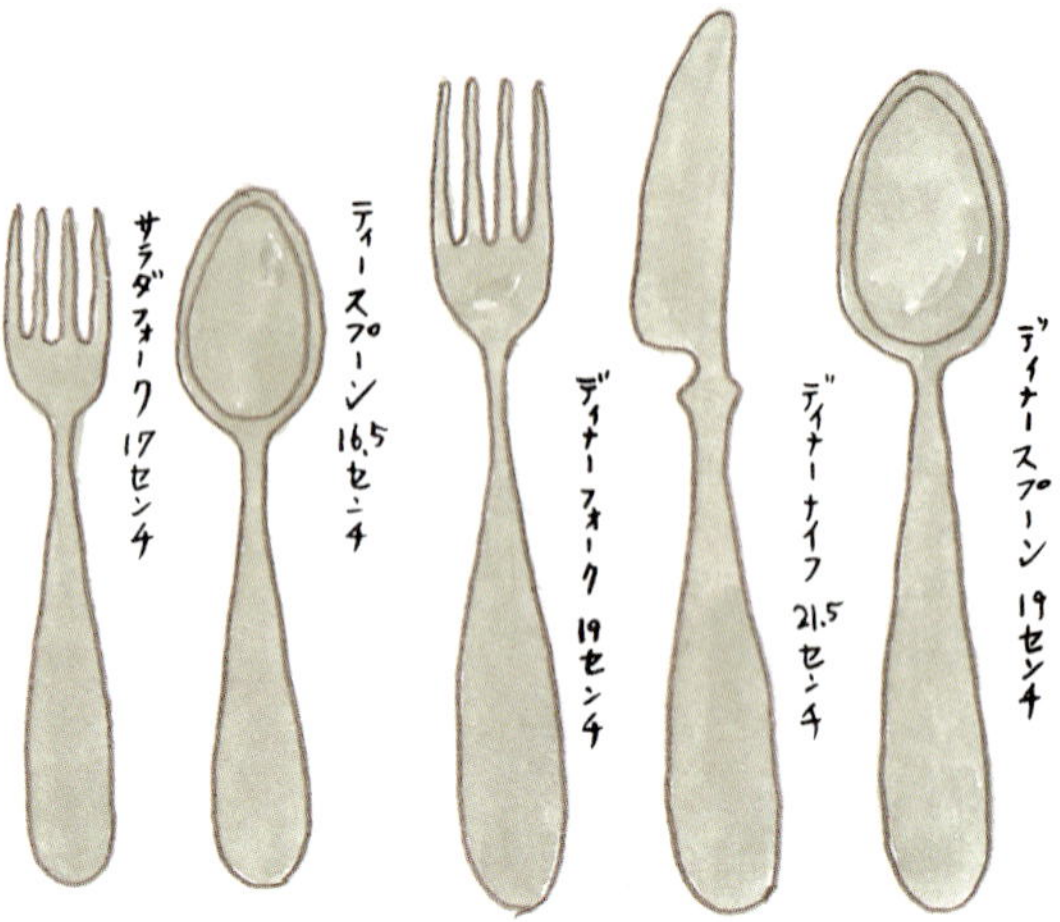
ディナースプーン 19センチ
ディナーナイフ 21.5センチ
ディナーフォーク 19センチ
ティースプーン 16.5センチ
サラダフォーク 17センチ

うちで使っている
ビビアナ・トルン・ビュロー・
ヒューベ デザイン
クラシック シリーズ
ステンレス製

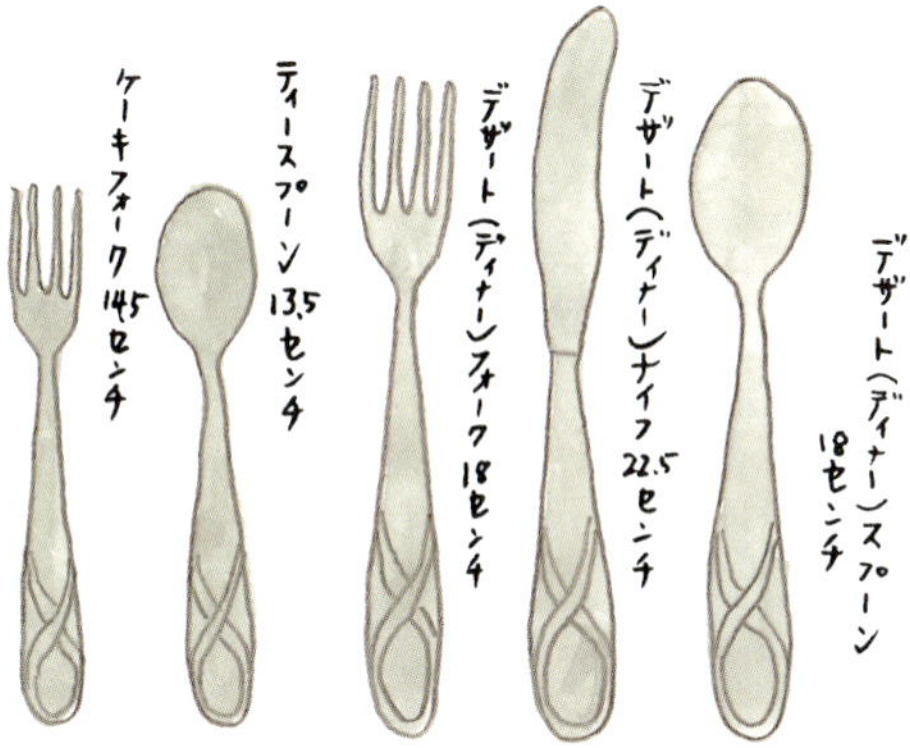
デザート(ディナー)スプーン 18センチ
デザート(ディナー)ナイフ 22.5センチ
デザート(ディナー)フォーク 18センチ
ティースプーン 13.5センチ
ケーキフォーク 14.5センチ

ジェンス・クイスガード
デザイン
リーフシリーズ
メイド イン ジャパン
ステンレス製
二枚の葉をデザインした
やさしい感じのシリーズ。

クラシックシリーズの
スプーンを使った
友達は、これすてきね、
口あたりがやさしいって
いいました。スプーンの
ふちがカーブして
いますから。

セカンドハウスだった熱海の家から、千葉の倉庫兼アトリエに引っ越した際、食器とカトラリーの一部を詰めた段ボール箱一つが、迷子になってしまいました。ただ今カトラリーは2客ずつ不足しています(6客がうちの基本)。ですから4客しかありませんので、友だちはふたりしか呼べないのです。困るのです。

引っ越しをするたびにこのようななくしものを繰り返しています。前は北欧の食器でした。あーあ。

で、カトラリーを6客にするべくあちこちいろいろ見て歩いています。

玉川髙島屋ショッピングセンターの中にあるダンスクのは、形がしっかりしていてふだん使いができるので、うちのカトラリーはほとんどがここのものです。

世田谷の家ではクラシックというタイプのを使っています。うちのは日本製ですが、最近のは韓国製だとか。比べるとなんとなく違うような気がしました。でもとても使いやすかったからまたこれを買おうかな? でも6客ずつ買うのは今の4客がムダになるので、4客のと同じのを2客ずつ足したほうがもちろん正しい。でも実はそれのディナースプーンは深過ぎて食べにくいのです。それでこの際新しいのを揃えたほうがいいようにも思っているのです。カトラリーはそう買い替えるものではありませんから、最初に長く使えるものを選ぶことが大事ですね。

一番いいのは結婚する時ですが、ふだんはお箸で食べるので、もらいものとか実家に余っていたもので間に合わせている人も多いんじゃないでしょうか。そろそろいいカトラリーを、と思っている人もいるかもしれません。

さて、アトリエのはゆっくりよく考えて決めたいと思い、今回は買い物をしませんでした。

ダンスク玉川高島屋S・C店
でんわ 03-3709-7723

ナイフとフォークを使うのはもう少し大きくなってからね！
使いなれないとなかなかむつかしいもの。

立食パーティやガーデンパーティならプラスチックのフォークやスプーンでよい場合もあります。ステンレス製で大勢の人用のをそろえるのはもったいない。

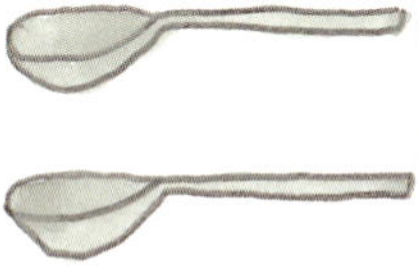

スプーンは
深すぎると
食べにくいものも
あります。

カトラリーを描いていたら突然思い出した
セーターがあります。今から28年ぐらい昔、マドモアゼル
ノンノンでカトラリーを編みこんだセーターを買いました。
子供用はなかったのでしたが荒牧さんが特別息子用に
つくってプレゼントして
くださった。

こんな格好をして
歩いていましたね。

下のマットの模様が
嫌なので
私のベッドはカバーで
くるんでいます。
うちはベッドヘッドを
使いません。

フィットシーツを作ってみました

前に高知の友だちの家に行ったら、ベッドの上下のマットレスが、1枚のフィットシーツにくるまっていました。え？ こんな大きいシーツもあるのねと感心して、うちもぜひ手に入れたいと思い尋ねたら、友だちの知人の手作りだったのでした。いいなあこんな大きいのを縫ってくれる知人がいて、とうらやましく思いました。で、なんとか私のもお願いできないものか頼んでみましたら、あっさり縫ってもらえることになりました。

東京に帰って渋谷のTOA《トーア》という布屋で青の綿地をたーくさん買って、夫の使っているダブルベッドのフィットシーツと、おフトンカバーと、枕カバーをお願いしたのでした。

いい感じの色物のシーツ類ってなかなか売っていませんのね。うちは白か青系が好みで、でも青だけで包むとちょっと暗い感じになりますから、どちらかを白にして、枕カバーを白青の太い縞にするとかしています。こういうように好みで整えるにはどれかが手作りになるのです。

私、枕カバーぐらいは自分で縫えます。

さて私の使っているシングルのベッド用のシーツがなんだかこのところ行方不明がちなのです。買い足そうと思っていました。なかなか買い物に出られません。この前の日曜日に、人のできることなら私にだってできなくはないと思って、今は使わないフラットシーツで、フィットシーツを作ってみたのです。ジャーン！3時間もかかってしまったけど、なんとか作れましたよ。

今度は青の縞とかチェックとかで作ろうと思っています。シーツ類がいい感じだと、幸せな気持ちでぐっすり寝られます。

ダブルマットの
スタイルのベッド
通常は上のマットに
シーツをかける。

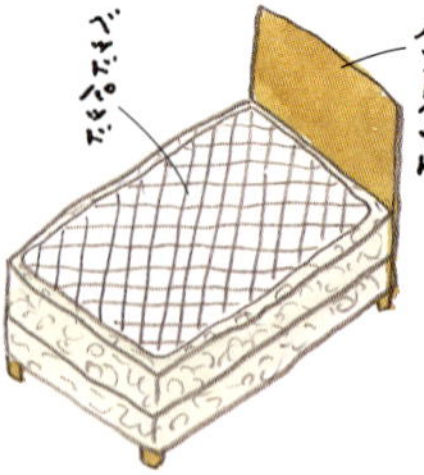

通常は
このようになる。

友達のベッドは
下のマットにも
かぶさるように
なっていた。
マットを包んである
模様が
すてきじゃないので、
この方法は
なかなかです。

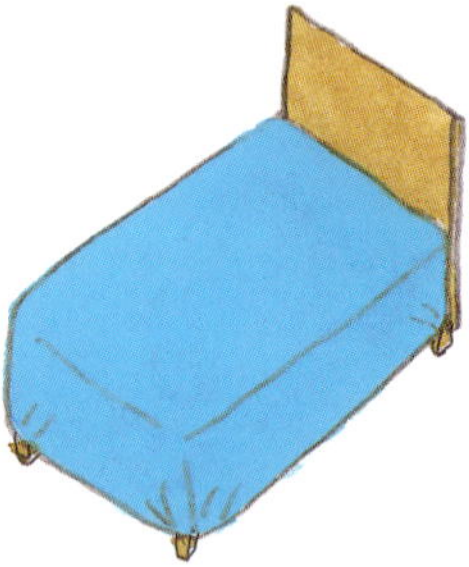

つくった日は
ちょうどシーツを
替える日。
つくりたてのを
して寝ました。
うん、
よかったよ。

大きいのが大変だったら、
まずお子さまベッド
からつくってみるのも
いいと思います。

うちのシングルベッドの場合の寸法です。まず布を用意します。新しい布は縮むこともあるので、水通しをした方がいいと思う。

①きれいに寸法を印しておく。

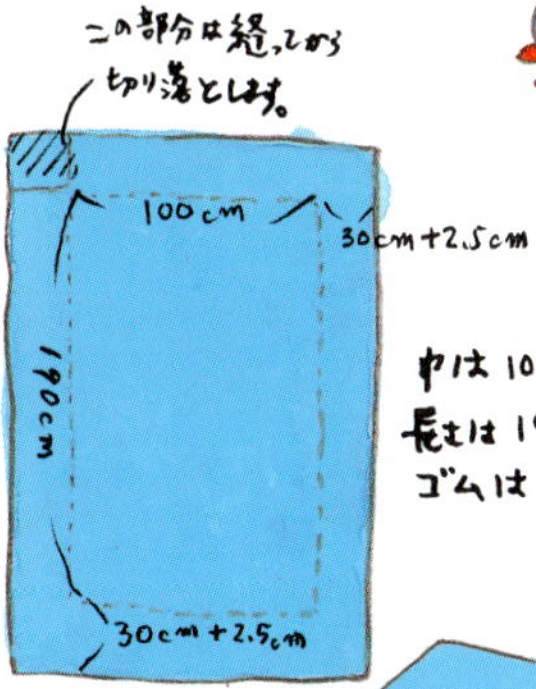
この部分は縫ってから切り落とします。
100cm
30cm+2.5cm
190cm
30cm+2.5cm

巾は100cm+65cm
長さは190cm+65cm
ゴムは70cm〜80cmを2本

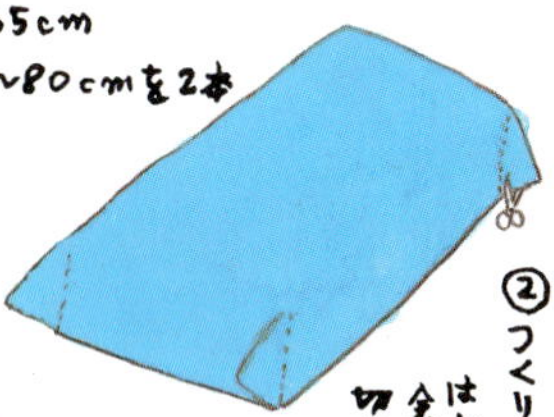

②つくり方
はしを縫い合わせて余分なきれを切り落とす。

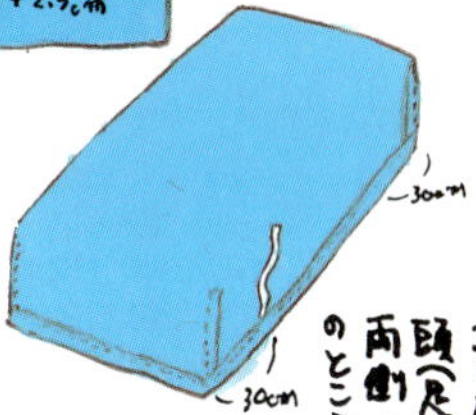
30cm
30cm

ぐるりをゴム通しを残して縫います。
ゴムが入るのは頭(足)の方と両側30cmまでのところです。

ゴムをぬけないように縫いつけます。

カッコいいカセットコンロを買っちゃった

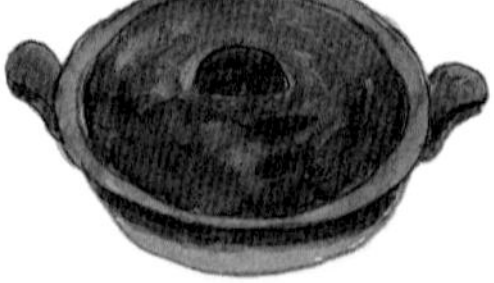

うちで使っている土鍋です。ふたがこんもり大きくて鍋はわりと浅めです。

　あわてて帰って夕飯の用意をしますから、手の込んだ料理はできません。冬は鍋物が料理アイテムとして入ってきますので、とっても助かります。材料さえあれば、ちょちょっと下準備して食卓で煮て食べる。温かいものを食べると気持ちも満足するので、家族から手抜きと非難されることもありません。なのでうちはたびたび鍋をします。

　さてだから寒くなるとカセットコンロが活躍となるのですが、あれけっこう丈夫です。故障なんてまずしません。システムが簡単だからでしょうか。うちのは問題なく20年ぐらいは使っています。でも昔のものなので格好がよくありません。

数年前にステンレスのシンプルでシャープでこれ以上簡潔にはできないだろうと思える美形のが雑誌に紹介されているのを見て、すぐに買い替えたいと思いました。でも、前のがまだまだ使えるのに捨ててしまうことはできなかったのです。それからお値段が高過ぎた。

　私の使っているのは近所の雑貨屋で確か3000円ぐらいだったと思うのですが、ステンレスのは2万円近いのです。20年もたっているからお値段の違いは当然とは思ってみたけど、やっぱりお高い。内心故障したら、思いきって買えると思いながら、使い続けてきました。

　今年も鍋物で、助けられています。でもコンロを出すたび、カッコいいステンレスのが、頭の中をよぎるのです。

　この前、夫が「これそろそろ買い替えてもいいな」と言ったのです。すかさず私「そうだね、買い替えちゃおう」。

　と、いうわけで私は憧れのカセットコンロ(このメーカーのはカセットフーという)を手に入れました！　あんまり長いこと憧れていたので、さっき届いた(カタログで取り寄せた)包みを開けて見て、すごーくは感激しなかったのです。こんなこともあるんですねえ。でも使うのは楽しみ！

これが私の憧れのコンロです！
ピッカピカできれい!!

私が取り寄せで
買ったところ
池商
でんわ　042-795-4311
イワタニカセットフーアモルフォ2N

ステンレスの
カセットコンロは
このメーカーの
専用のカセットガス
を使用のことと
書いてありました。

うちで
使っている
小さめの
土鍋です。
湯豆腐に
使います。

煮込みうどん
のような
たっぷり鍋の
時に
使います。
持ち手が
ついている。

カセットコンロが届いて喜んでいましたが、
まだ使用していませんでした。
友人のお家におよばれした時、同じコンロが
テーブルの上に出てきたのです。やっぱり使って
いらっしゃるんだと感激。

うちで使っていた昔の。もっと汚れていてきたない。

いちいちこうやって箱に入れて棚にしまっていた。

うちも早いところ楽しもう！

2.

暮らしを楽しくする仕事

藤原千鶴さんが作るルームシューズ

初めて登場(と思う)
ドット柄の。

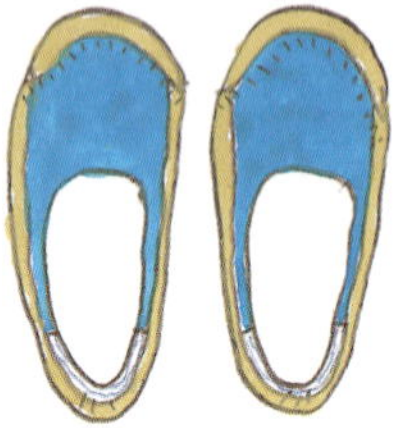

ブルー地はウール。
かかとの縞は木綿。
これで緑色のも
ありました。

展覧会のルームシューズ

すごーい人気なので、初日で半分以上
売れてしまった。今回12足を
つくったそうです。私みたいに ルームシューズ
大好きな人が多い。

履いてみて選ぶことが
できますが、どれもよくて
欲しくなります。

麻や木綿のルームシューズは麻の袋に、全部がウールのルームシューズは同じウールの袋に入っています。これうれしい。

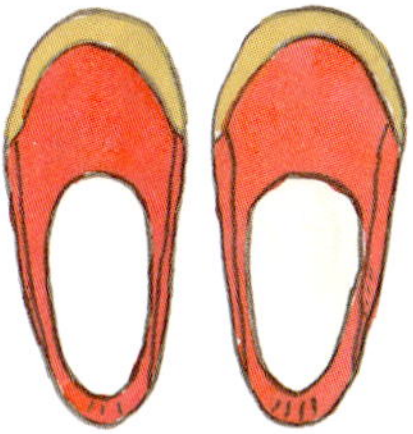

赤いウール地の。サイドから見ると飾り縫いがしてありました。

ひもが通っている形。バレーシューズタイプというのだと思う。これも飾り縫い 素材は麻でした。水を通してからつくってあるのでよごれたら洗濯機で洗っても大丈夫。

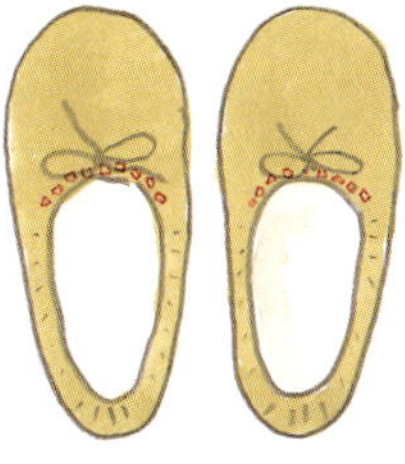

似てないけど藤原さん。ちょっとマンガチックになってしまった。ごめんなさい。お人柄もとてもいい人です。

私は素敵なルームシューズをはいています。藤原千鶴さんの手作りのです。藤原さんのははいていて幸せ。幸せになるのでつい何足も買ってしまいました。家の倉庫の壁にフックを打ちつけて、ルームシューズの入った袋(藤原さんのルームシューズは手作りの袋に入っていますう)をぶら下げています。数えると6足分。冬用のウールのが3足と麻のが3足。うち1足は原宿にあるZakkaの個展で買ったウールの紫色のです。紫の布に縞と麻と緑色の布がはいであります。はいていていて楽しかったので毎日はき続けました。汚れたら洗濯もできて、洗濯した後もいい感じ。でも、とうとう当たり前ですがボロボロになってしまいました。でも捨てられません。時間がある時に継ぎを当ててまたはこうと思って、取ってあるのです。

以前、藤原さんがZakkaで個展をされました。グッドタイミング、お話ができました。藤原さんは30代、長野県の穂高町に住んでいらっしゃいます。あちらまでお話を伺いに行く時間がありませんから、本当にラッキー。それにたくさんのルームシューズを見せていただけました。

藤原さんは、前はZakkaで働いていました。文化服装学院を卒業した20歳から4年間だそうです。Zakkaでは

3年間の期限付き雇用です。3年間のうちに、仕事を身につけて卒業。1年ほかの人より多いねって言ったら、横から、Zakkaの吉村眸《ひとみ》さんが、敬語も教えたよねって。きっととても若かったということですね。藤原さんがほかの人より1年多いのは、吉村さんがそのほうがいい仕事ができるようになると考えられたからだと思います。Zakkaの卒業生による鍋つかみ展の作品も、ルームシューズも、とてもいい仕事です。じっくり作ってあるように見えるのは、1年多かった成果でしょうか。藤原さんは、Zakkaでミシンを使うのが好きになったそうです。Zakkaに入られなかったら、私は藤原さんの素敵なルームシューズをはけなかったということになります。

松浦弥太郎さんの「カウブックス」は古本屋さん

まん中のテーブルでコーヒーを飲みながら本が読めます。

松浦さんが、LEE読者におすすめしてくださった「絵本小京都の旅」小林泰彦著。

子どもが友だちをつくるとき

William Saroyan

TIM AND CHARLOTTE

絵本も買いました。

今日私が買った本です。

子供の来店はうれしい
そうです。
ただし大声出したりすると
「本屋では大声出しちゃダメ」
と叱るそうです。

ここから手紙が
送れます。
テーブルに絵はがきが
数種類ありました。

そうか本屋では大声出しちゃダメ
なのかと、子供は学習する。

きっと走り回る子も
叱られると思う。

今回も
似てないけど
松浦弥太郎さんです。

表紙を開けた左の上にお値段が
書いてあります。もしも free と
書いてあったら、ただです。
おめでとうございますって。
カウブックス　でんわ 03・5459・1747
http://www.cowbooks.jp/

松浦さんは中目黒で古本の店、カウブックスをなさっています。いい感じのお店で本揃えも好きで、時々覗きます。毎回何冊か欲しい本を見つけるから買います。古本と言ってもコンディションがいいものばかりだし、ホコリなんかついていません。それに気持ちいいお店なのです。お店は両サイドにズラーッと本が並んでいて突き当たりにお勘定台があり、中にコーヒーを淹《い》れる機械が備えてあります。店の真ん中にはテーブルがあり、周りに椅子が並んでいて、気に入った本があればコーヒーを頼んで座って読んでいてもいいみたい。ゆっくり本を楽しんでくださいという感じのお店なのです。↘

カウブックスは若者や大人だけの本屋ではありません。お子様もどうぞ、学校帰りの小学生も寄っていらっしゃいの本屋さんなのですって。松浦さんは近所の人も寄っていってくれるお店にしたいとおっしゃいます。

カウブックスに行くと私は幸せな気持ちになれるのです。本ってこんなにいいものだったんだと思うのです。だから今回は松浦さんに『ＬＥＥ』の読者の方へ1冊本を選んでもらおうと計画しました。それでお会いしましたら、いいお話もしてもらえました。

お店は午後1時に開店だけれどスタッフは11時に入って開店までお掃除をする

のだそうです。本棚の掃除は本を全部棚から出して、棚をふいて、本を戻す。ほかのところも見た目に汚れていなくても掃除をする。そうすることで店の空気がよくなるとおっしゃいます(スタッフの接客の気持ちもよくなるともおっしゃった)。そうなのです。あの雰囲気や居心地のよさはその姿勢と努力なのです。何ごとも努力なしではよくはならない。私はお話を伺って見習おうと思いました。気持ちいい生活はいいものを手に入れることだけではないのです。松浦さんにいいお話を伺えて皆さんにお伝えできて今日はなんか幸せな気持ちです。

「サンク」は北欧の生活雑貨を紹介する小さなお店

大変気に入りました。
ステンレスと
木の組み合わせが
とてもいいのです。

でもこれは
ドイツ製でした。

北欧の感じが
したのですが
日本の作家
吉村和美さん
のです。

かわいいの
です。中は
クロスです。
日本製
ですって。

マリメッコの
小さめ
トートバッグ
しっかり
作って
ありました。

目ざまし時計です。
デザインは日本で、
つくっているのは
アジアですって。

フム、いろんな
ところでつくって
いるいい感じの
物を 保里さんは
選んで
いらっしゃるんだ。

というのもサンクの保里亨子《ほりきょうこ》さんは数日前にヨーロッパから帰られたところ。ラッキー。

ボウル二つ
(ステンレス)
耳みたいなのは
持つところ。これは
木でできている。
ボウルは小さめです。
持ち手は
やっぱり
木製です。
これも前に
買いました。
どちらも
デンマーク製

それにしても一点しかない古いものも多いので、保里さんに「売ってしまうのがイヤなものはありませんか?」と尋ねましたら「好きなのを買ってくださるとその人を覚えています」とおっしゃいました。今回私が買ったサービス用のスプーンとフォークを包んでくださる時、「これいいですよね」って。もしかしたら保里さんは私がこれを買ったことを覚えていらっしゃるかもと思いました。海外でいいものを探して惜しげもなく売られている保里さんみたいな人がいるから、苦労しないで幸せを手に入れることができるのです。感謝。

これは原型（モデル）をつくって、量産してもらったのですって。こんなかわいいパンダちゃん見たことない。

金森美也子さんのぬいぐるみはなんともかわいい

ぬいぐるみの材料は着古したのや、使いこんだのを、普通の洗剤でしっかり洗ってからつくるのですって。

横縞のシャツに赤いパンツがおしゃれなうさぎちゃん。

ゴム編みのところを首のあたりにするのがまたまたいい表情なのです。

ちゃんと胸に模様がくるようにつくってあります。

多分セーター
だったような
くまちゃん。

このねこちゃんも
お洋服着てる
みたい。

金森美世子さん
かわいい人でした。

なんかセクシーな
ぶたちゃんでした。

この犬はもう
なんともなさけない
顔になっていて、
かわいかったのです。
絵にすると
半分も表情が
出ない。

ちょっと前にデパートの生活雑貨のコーナーで、とってもかわいいパンダのぬいぐるみを見ました。売っていたのだったか飾ってあるだけだったか覚えていません。というのは家にあるぬいぐるみのクマたちの世話(寒い夜は体にマフラーをかけたり、時々抱っこしたり)がけっこう大変で、今は増やさない固い決心をしていますから、誘惑に負けないよう眺めるだけにしていたのでした。

でもかわいい。本当にかわいい。このことを知人に話しましたら「それを作っている人は金森美也子さんだと思う。もしも展覧会をなさる時は知らせてあげる」って。↘

実は私も古着や手袋でクマを作っていたことがありました。また作るつもりでいい感じのセーターやマフラーをためていたのです。で、パンダのそばに作者のご本が積んでありまして、それは買えるものと思いましたが、これから作るクマに影響を受けると思うと恐ろしく、買いませんでした。なにしろあんまりにもパンダがかわいかったので、私はあんなに上手に作れないと思ったし。

とうとう知人から連絡があり、金森さんが自由が丘の「私の部屋」で展覧会をしていらっしゃることがわかり、行ってきました。その時展示していらっしゃったのを描いてみましたが、かわいらしさは私の絵では伝えられないなあ。全部着古したニットで作られているのです。色の取り合わせもとてもいい感じ。そしてなによりもどれもこれも表情がいい。

金森さんにお会いしましたが、かわいいものを作られる人はピュアと言うかまっすぐまじめな感じ。やっぱり温かい感じの人でした。お会いしたら納得しました。それに初めてお会いした感じがしなかったのです。きっと以前パンダに会っていたからだろうと思います。

たなかれいこさんの「食べ物教室」で教わる大事なこと

1 まず手を洗います。

2 ここではペーパーナプキンを使います。

3 水気をよくぬぐって、

4 使ったペーパーナプキンはかごの中へ。

さあてそれでは今日の
お料理を
「いただきまあす！」
「おいしい おいしい！」
どの料理も体に
いいものばっかり。
こんなお教室
だとは思いませんでした。

5 食後の片づけの時、お皿の汚れはかごの中の使用ずみのペーパーナプキンでぬぐいます。それから洗います。

洗いやすいし、下水を汚さない。エコロジーです。たなかさんはこういうこともちゃんと考えていらっしゃる。他にもいろいろ。

今日のお料理の野菜。

たなかさんがつくってくださる。それを見て覚える。

食のギャラリー612
でんわ 03-3406-6128
http://www.612co.net/

オーガニックフード&ライフスタイルプロデューサーのたなかれいこさんに、お料理する基本のことなどを聞きました。

いつかお話を伺ってみたいと思って、たなかさんの料理や台所でのエコロジーが出ている雑誌の切り抜きを大事にしていましたが、今回は特別にたなかれいこさんの食べ物教室に参加させていただきました。まず、いつも使っている包丁を持参が参加のきまりだそうで、私も持っていきました。この日の生徒さんは今年大学を卒業した若い人から、新婚の人、仕事をしている人、いろんな方がいらっしゃるようでした。

最初にたなかさんのお講義。この日➘は、おだしのことでした。昆布だしとかつおだしについてです。昆布は715年天皇に献上したと文献に残っているとか、天然と養殖の違いとか。昆布とかつお節のうま味が合わさり、よりおいしい味になるとか。もちろんどんなのを選べばいいかも話してくださいます。昆布は羅臼《らうす》の天然物、かつお節は削って密封されているもの。

さていよいよクッキング。まず手を洗って、まな板も洗ってふいて、手順を聞いて、野菜を切ります。調味はたなかさんがしてくださいます。手順を見せてもらいます。お味は小さなスプーンでお味見させてもらって覚えます。

この日の献立は「春かぶとひえのスープ」「春かぶと春雨の和え物」「ごぼうとクスクスのサラダ」「花わさびのおひたし」「菜の花のじゃこごはん」でした。野菜はもちろんのこと、素材も調味料も元気で安心なものだけです。

　最後は試食です。とは言え人数分作ってもらってありますから、たっぷり。それから白ワイン付きです。なんかいただきに行ったみたいでした。

　作り方以上のことをたなかさんは教えてくださいます。よい素材のものを食べると体の代謝がよくなり、季節のものを食べると体がどんどん健やかになるとおっしゃいました。私はなんとなく食べるものは大事と思っていましたから、たなかさんのお話にいちいちうなずいた貴重な午後でした。

包丁の使い方 教えてもらいました。
体を斜めにして、腰骨を
まな板につけます。

太宰久美子さんの白い器から元気がもらえそう

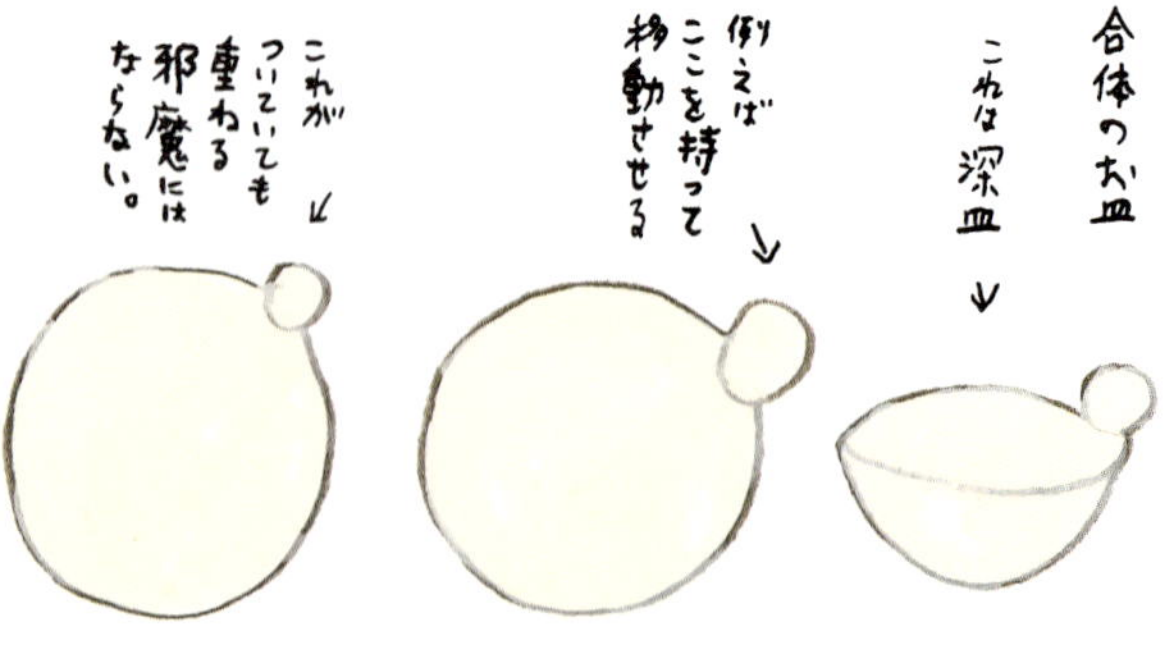

合体のお皿
これは深皿
例えばここを持って移動させる
これがついていても重ねる邪魔にはならない。

マグカップの持ち手というか取っ手は平たいのです。幅広のもあるし。これがしっくり指に乗るのです。
ポットのふたのデザインいろいろ。

茶わん
あるいは湯のみ
あるいはボウル。
形はいろいろ。

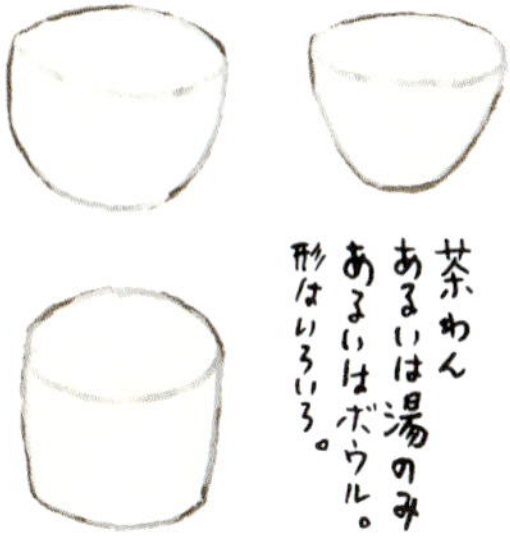

照明
器具です。

展示室
の天井から
シャンデリア。
もーちろん
手づくり。

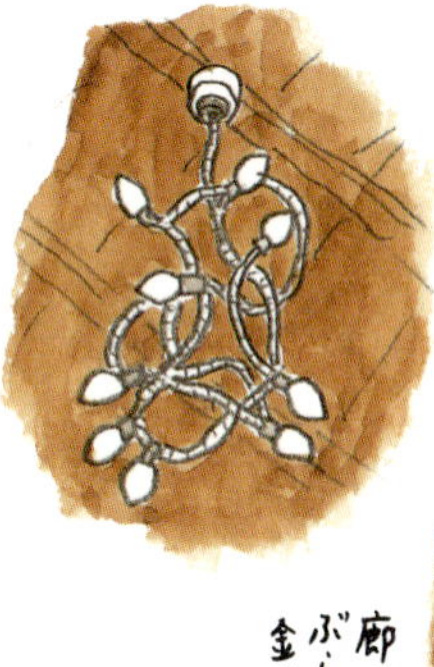

廊下の天井から
ぶらさげてある
金属の筒の。

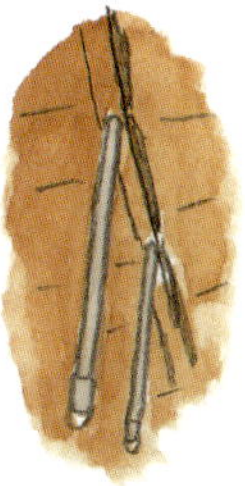

「指ありのくつ下ノ」
「そうなんです。気持よくて」
って太宰さん

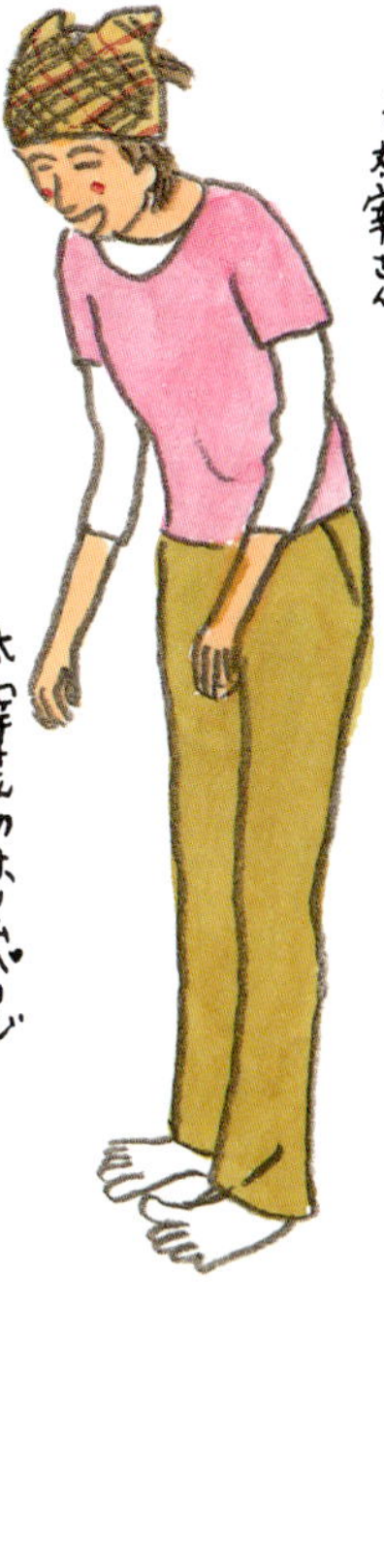

太宰さんのホームページ
http://www004.upp.so-net.ne.jp/suire/
イコッカ(ikoca)でんわ 03-5721-6676

白いお皿に小さな丸い、手というにはかわいらしく、子分みたいというにはくっつき過ぎな、うーんうまく説明できませんが、とにかく大丸と小丸が合体した器。一度見たら忘れられません、とてもいい感じで。そのお皿を作っている太宰さんにお会いしたくて工房をお訪ねしました。

東京の東中野、新宿からたった2駅先の街の、戦前の古家が工房兼お住まいでした。この古家がとても素敵。お庭もあって、屋根は赤い瓦で出窓がついていてちょっと洋風。お皿のことは後回しにしてまずお家を拝見しました。入口に近い部屋は工房と、教えてもいらっしゃるから、教室になっていました。その奥の作品の展示室には、手作りのシャンデリア(これがかわいい)が、日本間の板張りの天井にくっつけてありました。廊下の天井にもパイプで作った照明が並んでいました。そうかこんなお家にこんなふうに住んでいる感覚の人だから、あの合体お皿が作れるんだと思いました。

太宰さんは以前はグラフィックデザイナーで、陶芸を始めたのは自分で使う食器を作りたかったからだそうです。それがイタリアの陶芸学校に行かれて、今ではおばあさんになってもずっとこの仕事をしていたいと思っているそうです(と、器を買うとついてくる自己紹介に書いて台所の戸です。これは無印良品のガラスの皿。はめこんだのだそうです。グッドアイディア!

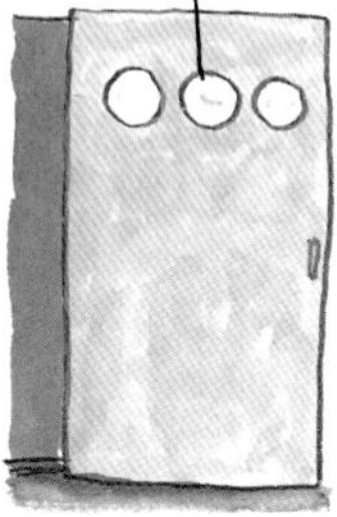

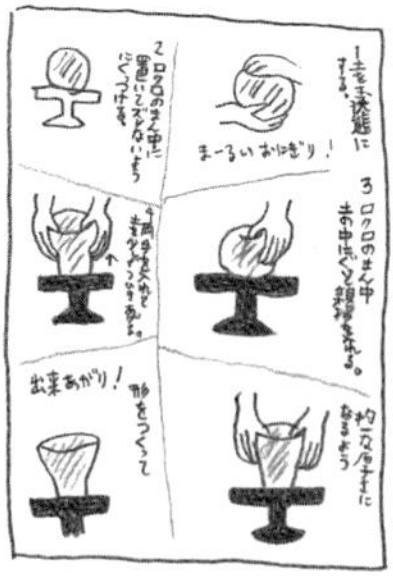

見てるとつくりたくなります。教室でみつけたつくり方の図

ありました)。これまでになるにはひたすらひたすら作ってこられた、こんなに作ることが好きなんだから、なんとかならないわけはないと思って、作り続けてこられたのだそうです。だからやっぱり今とても注目されているのです。作るのが楽しくて楽しくて仕方がないという、作家さんの仕事には誰もが魅かれるものです。現在は、恵比寿のÉkoca(イコッカ)で売られており、行ったことはありませんが、カフェ アンノン・クックでも使われているそうです。

生活を楽しくするには楽しく作っている人の食器を使うことかな、と思いました。

「ホームスパン」の服は〝着たいものを作る〟が基本みたい

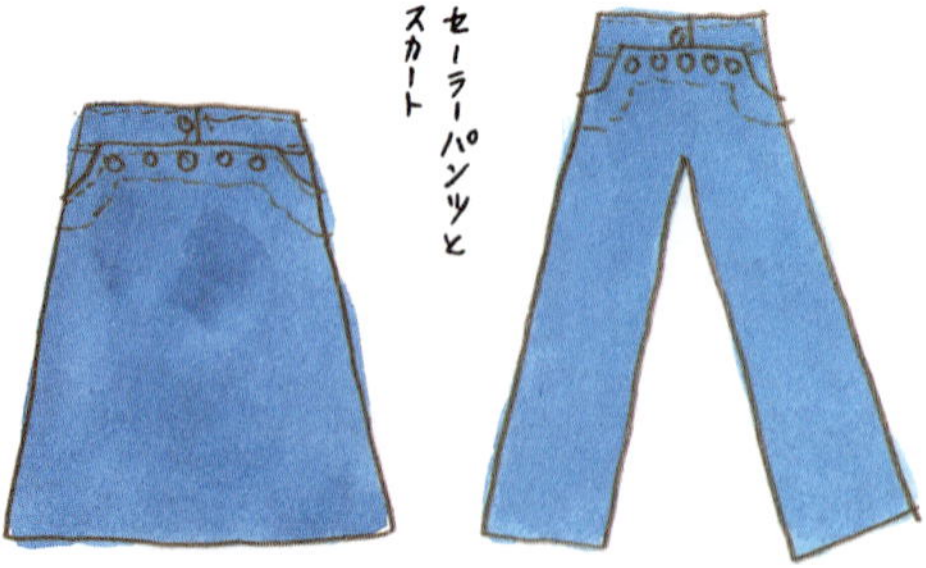
セーラーパンツとスカート

濃紺の厚めの生地のワンピースです。この生地がとってもいい感じ。衿も好きだったけど、ウエストのはぎもいい。熊川さんに着てみてもらえばよかった。

坂本さんはニットのデザイン担当。ざっくりと大きめに見えますが、着るとすっきりなのだそうです。

大柄だけどスマートな原さんが
一見むつかしそうな服を着てくださる。
フードのふちが打ち合わせのふちにつながっていて、
中にひもが通っていて、それをひっぱりながら
カシュクールのように合わせて着る上衣です。

Tシャツはこんなふう。

ホームスパン
でんわ 03-5738-3313
http://www.homspun.com

フレアーの
ジャンパースカート
みたいなの。
なつかしいような
新しいような、いい感じ。
甲斐さんが
着てくださいました。

だいぶん前になるけれど、文化服装学院を出た同級生3人で立ち上げた洋服のブランド、ホームスパンが、とってもいいと耳にしました。私もぜひお店に行きたいと思っていましたが、なかなか行けません。そのうち『ホームスパンのコットンライフ』（文化出版局）の本が出て、出版社から頂戴しました。それでまずホームスパンの服を見ることができたのでした。

ドキドキして中をめくっていくと、白いシーチングに黒いステッチの服が、作り方のページに入っていて、一つ一つの服の作りが明快になっていて好きでした。もちろんモデルさんが着ているページもあり、それはけっこう力強いのでした。この本はソーイングブックなのです。私にも作れるかもしれないと思わせてるけど、ホームスパンに服を買いに行きたくなる本でもあるかな？

だからますますお店に行きたいと思っていた時、またまた小さなカタログをもらいました。春夏の服でした。とってもそそられました。秋冬の展示会に誘われて、ようやっと見せてもらいに行ってきました。

大きくはないお店で、展示してある服もそう多くはないのでした。それもホームスパンらしいし好もしい、というのはヘンかもしれませんが、同級生3人で始めた店ですからねぇ。紹介してもらった3人＋ひとり。布帛《ふはく》（織物の生地）のデザイナーの甲斐ひろみさん、ニットのデザインの坂本洋美さん、広報とか営業の原恵子さん、それに新スタッフの熊川紀子さん（今は独立）。

こういう
衿好きです。
ポケットの
丸みも
好きです。

服作りは、まずいい素材を見つけ、それから形を考えるそうです。着ていくうちに、洗濯していくうちにいい感じになっていく素材で、体を締めつけない、体に合わせた着方ができる、着ていることが気にならない形が、ホームスパンの服だそうです。基本的には着たい服を作る考えだから、皆さん服が出来上がってくると競って着てみて、自分たちがまず欲しくなるのだそうです。私も欲しくなって試着させてもらいました。どこかがちょっと少女っぽくて、でも大人の服だと思いました。

東松陽子さんの「みつばちトート」

新バッグです。
レコードバッグ
文庫カバーのおまけつき
文庫バッグ

東松さんに7月のトートバッグを持ってもらって。
これは大きい方です。

みつばちトート
http://www.mitsubachi-tote.com/
旅行用バッグです。
二日ぐらいは大丈夫バッグ。

3色、この場合はレッド、シュガーピンク、エッグプラント。
6月の注文色でした。きれいだったので、
この色で9種類の色の組み合わせをお見せします。
これにサイズが3種類ですから、27種類から
選べるというわけです。すごーい!

束松さんのホームページで買えるトートバッグが人気です。人気の秘密は、毎月3色から選んで作ってもらえる注文トートだからです。6月の3色はピンクと赤と群青色でした。製作配送に1カ月半かかるので、使うのが真夏になるから、カラフルなのだそうです。7月はカーキと黒と生成り。7月注文のは出来上がって届くのが9月半ばだからちょっとシックな秋色なのです。

　束松さんはゆうき図書館（茨城県結城市）の貸し出しバッグも作っておられて、それってなんかおもしろい仕事と思ったので、いろいろお話が聞きたくお訪ねしました。

ゆうき図書館の貸し出しバッグ
子供用（絵本が大きいから）
大人用
どちらも中側にビニールコーティング。

　で、まずトートバッグを作られたいきさつを伺いましたら、インターネットで商売をする方のためにシステムを作る会社で働いておられたある日、いつもの通勤の道を通らず裏道を歩いていたら、ミシンを踏む音が聞こえて、覗いたら日本酒を入れる酒屋の帆布のバッグや、前かけを縫っている町工場だったそうです。気になって、後日行って話を聞いたらバッグの注文は1個ではダメとのこと。それで友だちに声をかけて20個ほど作ってもらったのが始まりだそうです。

ホームページで販売していくノウハウは東松さんのお手のものですし、工場も製作を引き受けてくれたので、会社をやめてトートバッグ屋さんになられたのです。

旅行用やレコードバッグも作られていました。それからどれもとても良心的なお値段です。ネット販売ならそれが可能で、もしもよそのお店に卸をするとなると、値段の高いトートになってしまうそうです。買う者にとっては手に入りやすいお値段はうれしい。

ゆうき図書館の貸し出しトートは、結城市民情報センターの中の図書館ができる時に相談を受けて作られたのだそうです。貸し出しトートを帆布で作っている図書館があるってちょっとワクワクします。近所じゃないのが残念。

（編集部注：貸し出しトートは、使い込まれて数も少なくなってきたので、図書館では、別のデザインのものと併用しているそうです）

牧内珠美さんの「チクテカフェ」の作り方

ラタトゥイユのランチです。
もちもちマフィンには、
バターが
ぬってあります。

お客さんに出す
器類はこれだけです。
気泡の入った
フランス製の
グラス。
これで
ワインも水も
入れて出す。
小さいカップ。
ミルク入れに
したり。
アラビアのマグカップ
カフェオレなんかの
カップ。

昔の小学校の机と椅子みたい。

これもアラビアの。
コーヒー用です。

福永芳治さんのお皿とボウル(鉢)
オープンの時にお家から持ってきたお鍋。そのまんま使っておいでのよう。小さいからいっぺんには作れません。
ラタトゥイユサラダ用。
パン皿ケーキ皿に。
ゆっくりとお話ししてくださる牧内さん。
チクテカフェ
でんわ 03-3421-3330
http://www.cicoute.com/
イングリッシュマフィンは牧内さんのレシピで始まりました。
ケーキだってあるのです。

牧内さんが下北沢のはずれにチクテカフェを出す前は、原宿のZakkaで働かれていました。そのころZakka主催のスワップミート(バザー)に友だちの北村さんが作ったパンと牧内さんが作ったお菓子を出していて、そのうちふたりでお店を出すつもりだと聞きました。やがて北村さんは町田でチクテベーカリーというパン屋さんを、牧内さんは下北沢でチクテカフェをオープン(チクテは北村さんの愛称からきています)。

牧内さんがカフェを出したのは、小さいころから接客が大好きだったからで、小学生の時、親せきの駄菓子屋やコンビニを手伝ったり、中学の時はハンドバッグ製造の親せきの商品を、自宅のリビングに並べて近所の人に買ってもらう手伝いをしたり。お客さんが来て物を売る流れが好きなのだそうです。

友だちの北村さんは作るのが好きなタイプだったから、ふたりでお店を出すことができたのです。実はもうひとり、牧内さんのパートナーもパン屋さんとカフェに重要な人で、カタログ、ホームページ、それぞれのパンに貼ってある説明などのグラフィックデザインの担当。ビジュアル作りです。その彼と牧内さんと北村さんは美大の予備校で一緒、その時代にいつか仕事を、と思っていたというから感心。そして10年近くたってそれぞれがそれぞれの得意な仕事をしてチクテがあるというわけです。

　さて、チクテカフェはどんなふうかと言うと、古い日本家屋の1階、天井を上げたり床を張り替えたりペンキを塗ったりした手作り風です。テーブルや椅子はユーズドの木のもの。小学校の椅子もありました。チープだけど落ち着いた感じです。

　厨房では家庭用の鍋にかぼちゃが入っていました。ランチメニューのラタトゥイユを作っている最中でした。実は鍋は自宅で使っていたもので小さく、20食分だけしか作らない(作れない)。ランチについているイングリッシュマフィンは、牧内さんがどうしてもカフェで食べてもらいたい、と特別に北村さんに作ってもらったもちもちでおいしいパン。

もちろんパンも売っています。

　好きなことをじっくり作っていく人がいいですね。

「Zakka」の吉村眸さんがおうちで使っている食器

朝の紅茶はこれで。
昔、北出さんがどこかで買ってきたポットだそうです。

眸さんのお茶わんの敷き布は赤のチェック。
お茶わんがはえます。

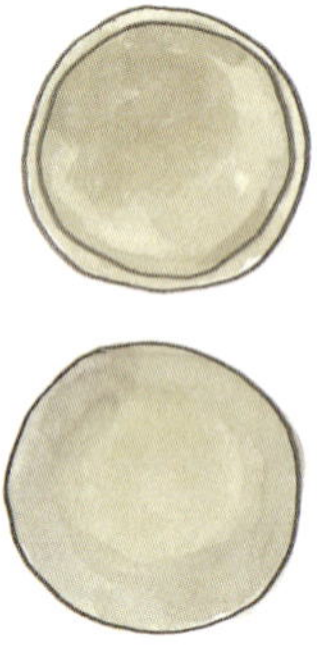
普段のお皿

ブリキの棚に白いフキンがしいてあり、その上に器がのせてあるのです。
大きめの、丼にも使う鉢。

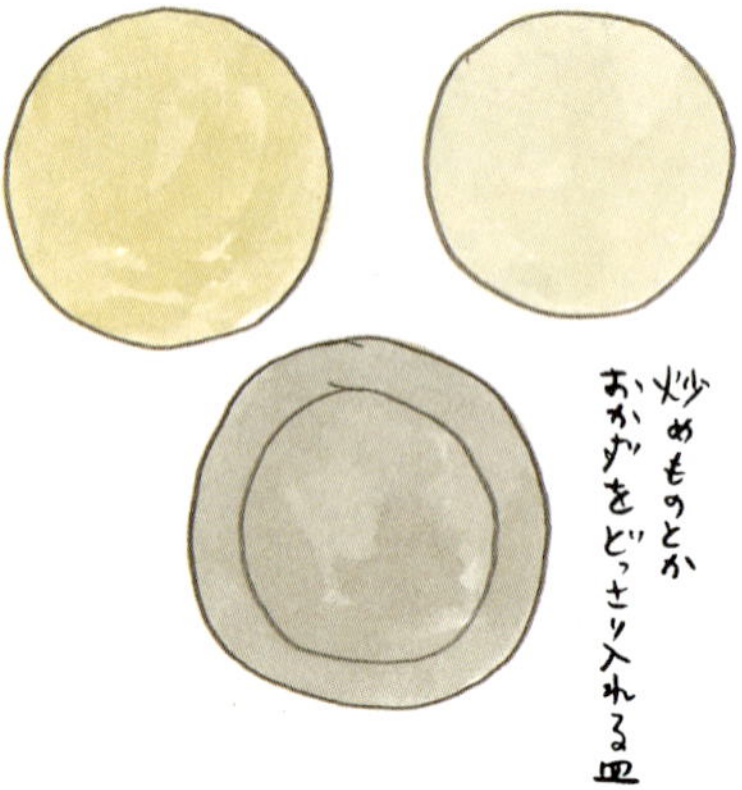
炒めものとかおかずをどっさり入れる皿

お茶をいただきました。
青い布が
とてもいい感じ。
洋皿はこれだけ
ですって。
朝のパンはこれで。
眸さんには
似ていません。
もっとやわらかい感じです。
朝の
ミルクティは
これで。
めし茶わん。
それぞれ
違います。

私はＺａｋｋａで器を買うことが多いのです。と言うか土ものの器はＺａｋｋａでよさを教えてもらってきました。買えるお値段の作家の器はここができるまではあまりなかったし、扱っている店ではよさがそうわからなかった。Ｚａｋｋａは若手の陶芸作家を育てて、よい器を使う楽しみを広めたと思います。今ある生活雑貨店の多くのお手本になっていたと思うのです。

そのＺａｋｋａを作ってきた吉村眸さんに、いつも使っていらっしゃる食事の器を見せてもらいました。実は最近引っ越しをされたご自宅に「どうぞ」と誘われて、思わず「えーっ！　本当にいいのですかー」と言ってしまいましたが。シンプルな暮らしが素敵でした。

新しいご自宅の食器棚に並んでいる器類は、たぶんご主人の北出さんとおふたりの生活で必要なぐらいが基本のようで、すっきり並べてありました。

さて、朝はパン食ですか？　それともごはんですか？　と聞きましたら、決めていないそうで、朝起きるのが早い北出さんは、夜のうちに支度しておいたごはんを炊いて先に食べられることもあり、吉村さんはパンを食べられることもあるそうです。紅茶のカップは作家物の少しボッテリしたもので、唯一洋食器の３枚のお皿のどれかをパン入れに、ヨーグルトは常滑の作家の吉川千香子さんの磁器の器を使うそうです。

夜はまず日本酒をチロリでお燗して、始められるそうです。

ごはん茶碗はもちろん土もので、お皿はやっぱり2枚ずつが3種類ぐらいと、しょうゆ皿、おかず用の大きめのお皿は1枚ずつが数枚。大きいのは最近お客さんをしなくなったのでいらないとおっしゃいます。拝見していて気がついたのですが、ごはん茶碗はたくさんありました。たぶんお嬢さんが泊まりに来られるからと思います。それから大きめのごはん茶碗と言うか小さめの鉢もありましたが、おどんぶりとして使われるみたい。

普通の家庭の食器より数が少ないと思いました。使うもの、必要なものが基準になると器の数は少なくなりますね。すごーく気持ちがいい。

私も少し考え方を変えて、整理しなくっちゃと思いました。

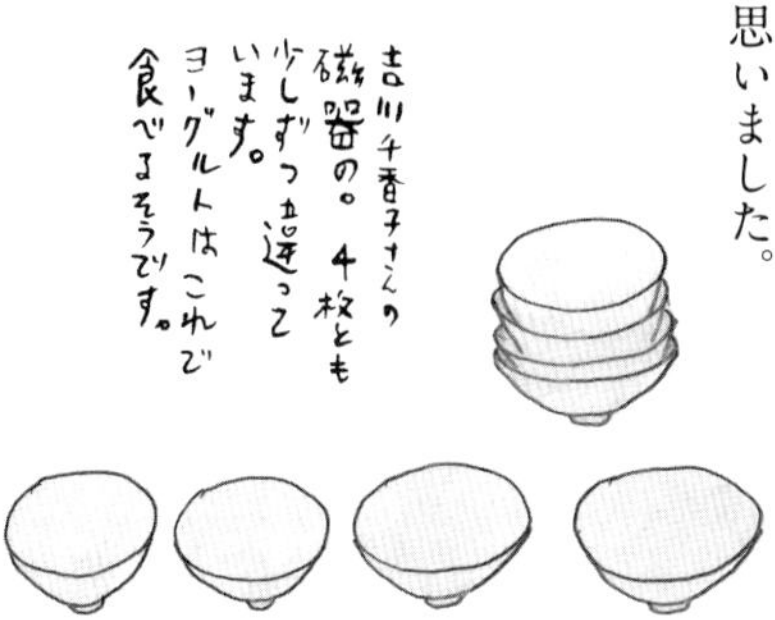
吉川千香子さんの
磁器の。4枚とも
少しずつ違って
います。
ヨーグルトはこれで
食べるそうです。

高橋ひとみさんのパン・ド・カンパーニュのサンドイッチの作り方

ロパンドコナ凸のパン・ド・カンパーニュの大きさ

①上1/3のところを切りとります。

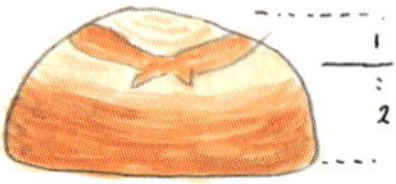

②ぐるりに切れ目を入れます。包丁を水平にして、中の方まで切ります。

③1/3を切りとりました。これがふたになります。乾かないようにふせましょう。

④ふちの1センチぐらい中側を包丁を垂直におろしながら切りとります。

④' なんとなくツンツン包丁を上下させながらまわりを切っていくのです。底はかたいので底まで切ってしまうことはありません。

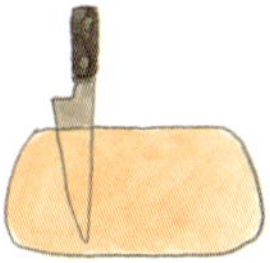

⑤ 底から1.5センチぐらいのところ両側2ヶ所に包丁で切れ目を入れます。裏がえした方がやりやすいようです。

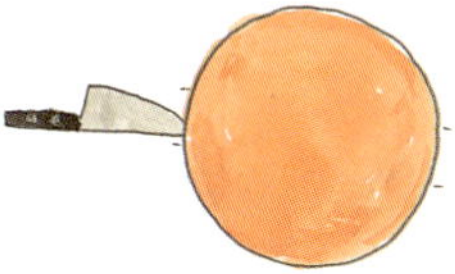

⑥ 切れ目から包丁を入れ底に平行に矢印のように切っていく。片側も同じように切っていきます。

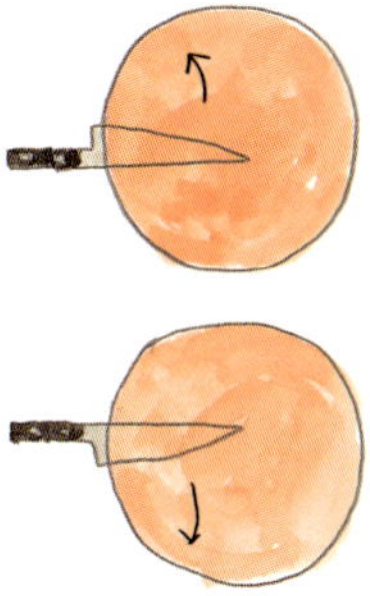

←p96につづく

高橋さんはご主人と東急田園都市線の藤が丘で「パン　ド　コナ」というパン屋をしていらっしゃいます。以前デパートの催事に、パンの中をくりぬいて作るサンドイッチを提案されたのを思い出して、ちょうどパーティの多いシーズンでもあり、教えてもらいました。

大きいパンの中をくりぬいた部分でサンドイッチを作って、くりぬいた穴に戻したものなのですが、どうやってくりぬくのか不思議でした。今回作ってもらって、わかりましたが、ちょっと難しそう。でもあせらず教えてもらったとおりに切っていけばくりぬけます。

実は家に帰ってやってみましたら、↘私でもなんとかできました。そばで見ていた夫が自分のほうがうまくやれるからやらせろと言いましたけど、でたらめにされてはパンが台なしになるので、ちゃんと私のやり方を見て覚えたら、今度やらせてあげると約束しました。見ているとおもしろそうでやりたくなるのです。作るのもお客さんに出すのも楽しいサンドイッチ。きっと子供も喜ぶと思います。

パン・ド・カンパーニュは一般に田舎パンと言われていて日持ちがします。焼きたてだと切りにくいので1日おいたもので作るのがいいそうです。パン・ド・カンパーニュは時間をかけて焼くパンで、いっぺんにたくさんは作れないそう。注文しないと手に入らないようです。食パンでも作れるそうですが、回りも軟らかいので切り取らない底の見極めが難しそう。少しでも回りが硬いほうが作りやすいと思います。

高橋さんは高田喜佐さんのキサシューズのプレスを長いことされていました。私はその時に知り合いました。ご主人は広告代理店で広告作りをなさっていたそうで、脱サラをされ、パン屋さんを始められたと聞きました。お客さんにどう喜んでもらうかが、パン作りになったということなのかもしれません。「パン　ドコナ」のパンはおいしいし、楽しいパンも多いので大好きです。

さて夫用のカンパーニュを注文しようと思います。

p93つづき

⑦はずれました。内側を5ミリぐらい切りとり、穴を大きくします

⑧はずした中のは4枚に切ります。まず1枚め。ぐるりをぐるっと少しずつ切って、どんどん内側に切っていきます。

⑨4枚で2組のサンドイッチをつくります。中につめるのはリエットとかペーストのようなぬるものが一般的らしい。ハムでもポテトサラダでもチーズでもゆでたまごでもよいとのことでした。

⑩切って、くりぬいたパンにもどします。

⑪ふたにする上部分は細りナイフで2ケ所切り込んで、リボンを通して結びます。

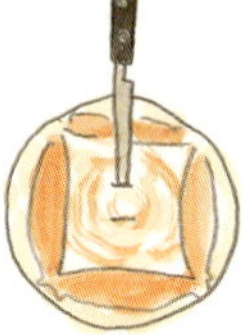

⑫
ふたをして出来上り。
きれいなキッチン
クロスやナプキンに
包んでプレゼントに
するのもすてきです。

パンドコナ　でんわ　045-974-4717

高橋ひとみさんは
とてもおしゃれです。すてきな人です。
またまた似てなくてすみません。

3.

和の心・和の暮らし

お金を包む袋・お祝いの巻

ポチ袋

店などの開店祝いのお札なんか入れてもいい感じ。

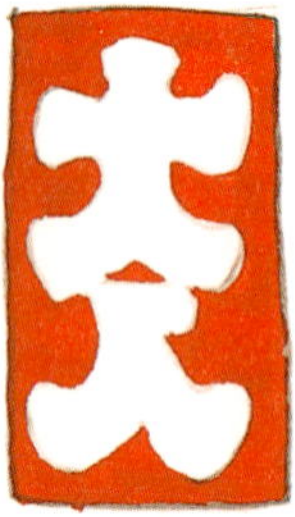

めでたい鶴柄

ポチ袋は小さい時から、お年玉袋として、親しんできたはずです。

お年玉袋は干支の動物の絵のもあります。

お年玉袋

お札の種類を問わない袋

お年玉袋も、中学生高校生
にはこんなのもいいと思います。

角型には小さいのと
大きいのがあります。

桜柄はお正月にも使える
と思います。
寒桜は冬の桜ですし。

祝儀袋

結婚の祝儀袋の水引は
二度とないように結び切りなのだそうです。

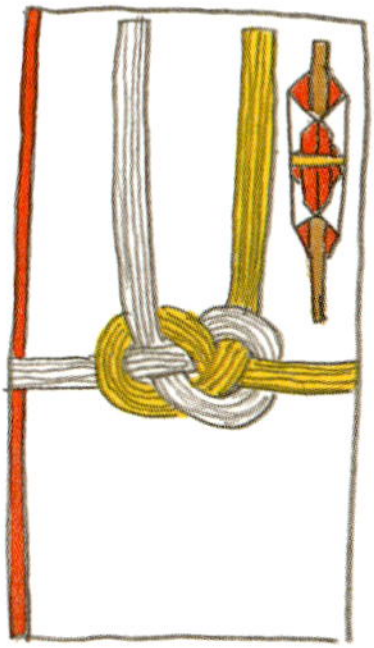

二度三度
あっても
めでたい類の
お祝いには
蝶結びです。

お正月が近づくと、文房具店やスーパーマーケットに、お年玉袋やポチ袋が並びます。近ごろのは子供向けが主流です。だからマンガの絵入りのを多く見かけます。

お正月にお客さんのある家では子供連れのためにそんなお年玉袋を用意しているようです。子供のお正月の楽しみの一番はお年玉をもらうことですものね。

ポチ袋はお年玉や祝儀袋のことをいうもので、ポチの由来はこれっぽちからきていると言われています。気持ちだけしか入れないのです。「これっぽち？」なんて思われるぐらいのお金しか入れないからポチ袋でもいいけど、小さな袋のことをポチというのもありなんじゃないかなと思ってみました。だってフランス語のプティ——小さいとかかわいいの意味——に似ていますもの。でもぽっちりという言葉もありますから、はっきり中身のことなんでしょうね。

ポチと言えば、今でこそつける人が少なくなりましたが、以前は犬の名前としてはポピュラーでした。江戸時代だか、ずいぶん前から犬につけられていたそうです。それで長崎の出島に出入りしていたポルトガル人かオランダ人が、フランス語のプティに近い言葉をどちらかの国が使っているとしてなのですが、たまたま子犬を見てプティ(かわいい)と言った

お年玉も、アルバイトで稼げる
大学生になったら、あげなくても
いいかナ？

のがポチになったのではないかと考えてみました。もちろんこれは私の想像です。言葉って考えてるとおもしろいのです。

ポチ袋に戻りますが、ご祝儀の袋として昔は花柳界で使われていたようです。オリジナルのポチ袋を作らせていた遊び人もいたそうです。

1000円札や1万円札を折らずに入れる袋もあります。私は1月の初釜（茶事）でお年賀に使います。その時の祝儀袋はのし付きで紅白の水引は蝶結びです。この水引ですが、結婚祝いに使用するものは結び切りのでないといけません。ほどけるのは縁起がよくないからだそうです。間違えると失礼になります。

手ぼうきで ちょちょいと掃除する

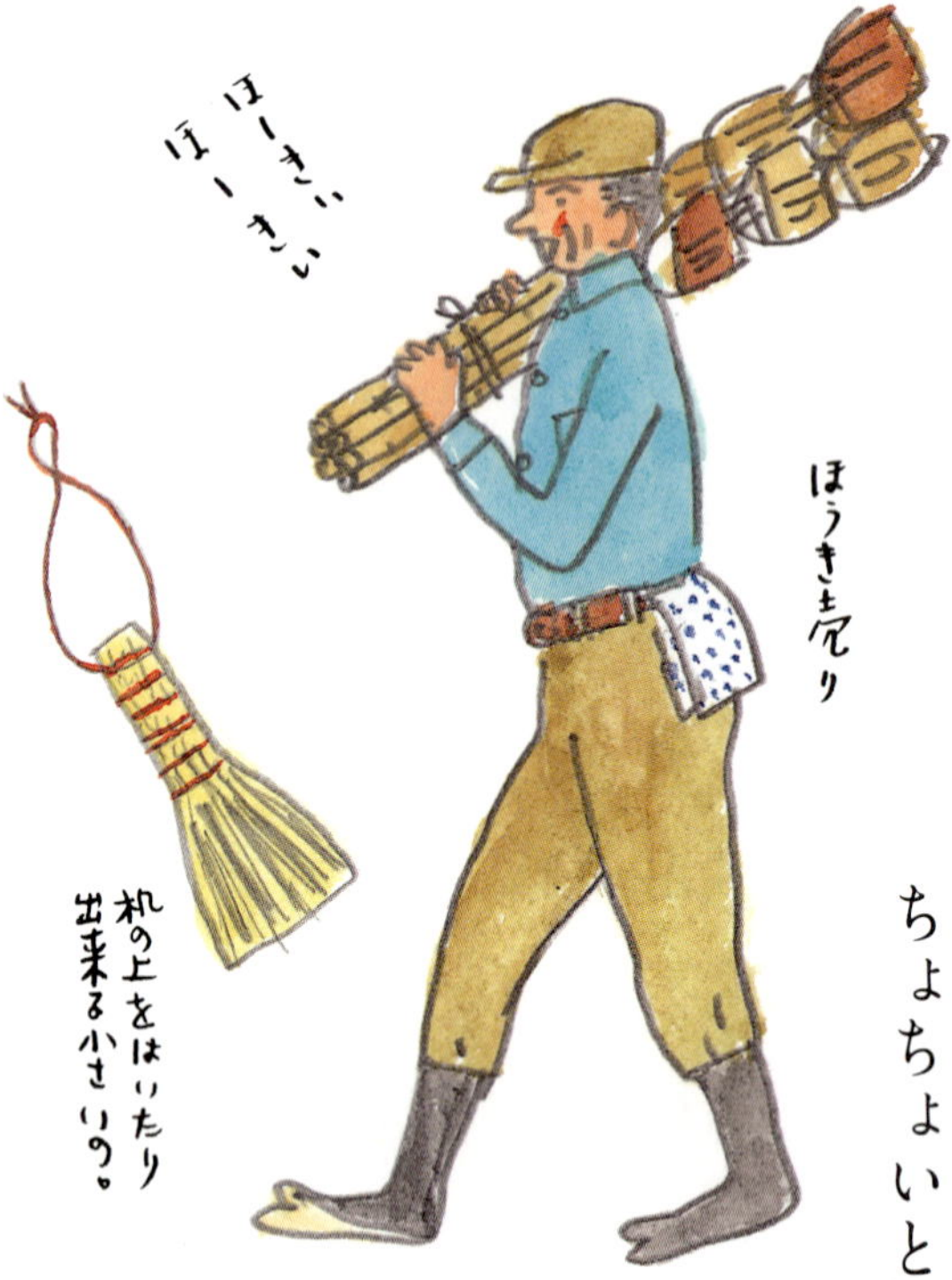
ほうき売り
ほーきい
ほーきい
机の上をはいたり
出来る小さいの。

部屋用
大きめ。
使いやすいように
少々斜になっている。
部屋用のほうきは
ほうき草が原料。
外用
茶色の
ゴワゴワしている
シダという素材。
部屋用
小さめ。
台所もちょちょいと掃ける
ところ。手ぼうきは便利。

子供のころは和菓子屋だった祖母の家の居候で、従姉妹たちと同じように家の手伝いをしていました。夕方土間を掃くのもその一つでした。表通りに面している店から始めて、台所を通って風呂のたき口までをほうきで掃くのです。ゴミは、たき口に掃き込んで燃やしてしまいますから、ちりとりに集めることはしませんで、ズルズルと掃いていきます。店からたき口までの長いこと。ちょっと掃いては頭を上げ振り返り、たいしてはかどっていないのを眺めてフーッとため息をつき、先を見やって、あーあと声に出して言い、諦めてかがんで続ける、それを繰り返し繰り返して、ようやっとたき口➘にたどり着くのでした。

大人になって土間に立ってみたら、子供のころの感じと違って案外狭い(短い)のでした。イヤイヤでやっていたからはかどらなかったのです。大人になるとやんなきゃいけないことはやるという気持ちになれます。鍋から噴きこぼれた汁がガス台を汚してしまっても、100回こすればきっと取れると、こすりながら数を数えて、落ちるまで根気よくやれます。でも子供の時は途中で疲れたあ、できない、やめたいと放り出すかグズグズしてた。ほかの人がやればいいと思ってもいた。

さて、掃除機なんて便利なものができ

て、近ごろの住まいでは、ほうきを使わなくてもすんでいると思います。だからほうき売りの声も聞かなくなりました。「ほーきぃ、ほーきぃ」って、何本かをまとめて肩にかついで売りに来る。1日に何本も売れなかったと思うけど、今のように店が多くはなかったから、ちゃんとお商売になっていたのでしょう。

　私は掃除機の出し入れやセットが面倒だと、ほうきを使います。玄関口とかトイレとかバスルーム（洗面所や脱衣所）は気になった時すぐにほうきで掃除をします。片手で掃ける大きさのほうきなら、片隅に置いておけますし。

　格好よいので洋もののほうきを買ったけど、あれは使いにくかったのです。

子供用の
ほうきはないので、
子供には使いづらかったから
それでよけい嫌だったのだと
思う。

草花で遊ぶ

たんぽぽの茎のかざぐるま

① ナイフで切りめを入れる

② 水にうかせる。

③ そっくりかえる。

④ 針金を通す。

⑤ 口でふく。

くるくるくるくるくる、

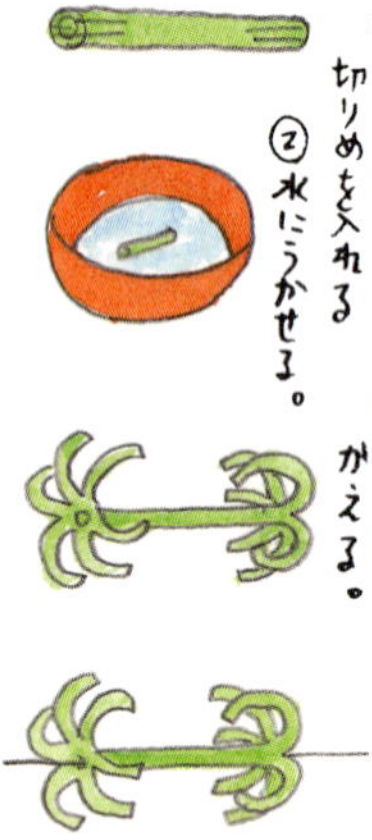

松葉のすもう

① 松葉をたばねる。板の上でとんとんとたたきつけて、下をそろえる。そしてハサミで上を切る。

② 紙をおすもうさんに切りぬいて、松葉のまん中にさしこむ

③ テーブルの上に置いて、テーブルをたたく。たおれたりおちたりしたら負け。

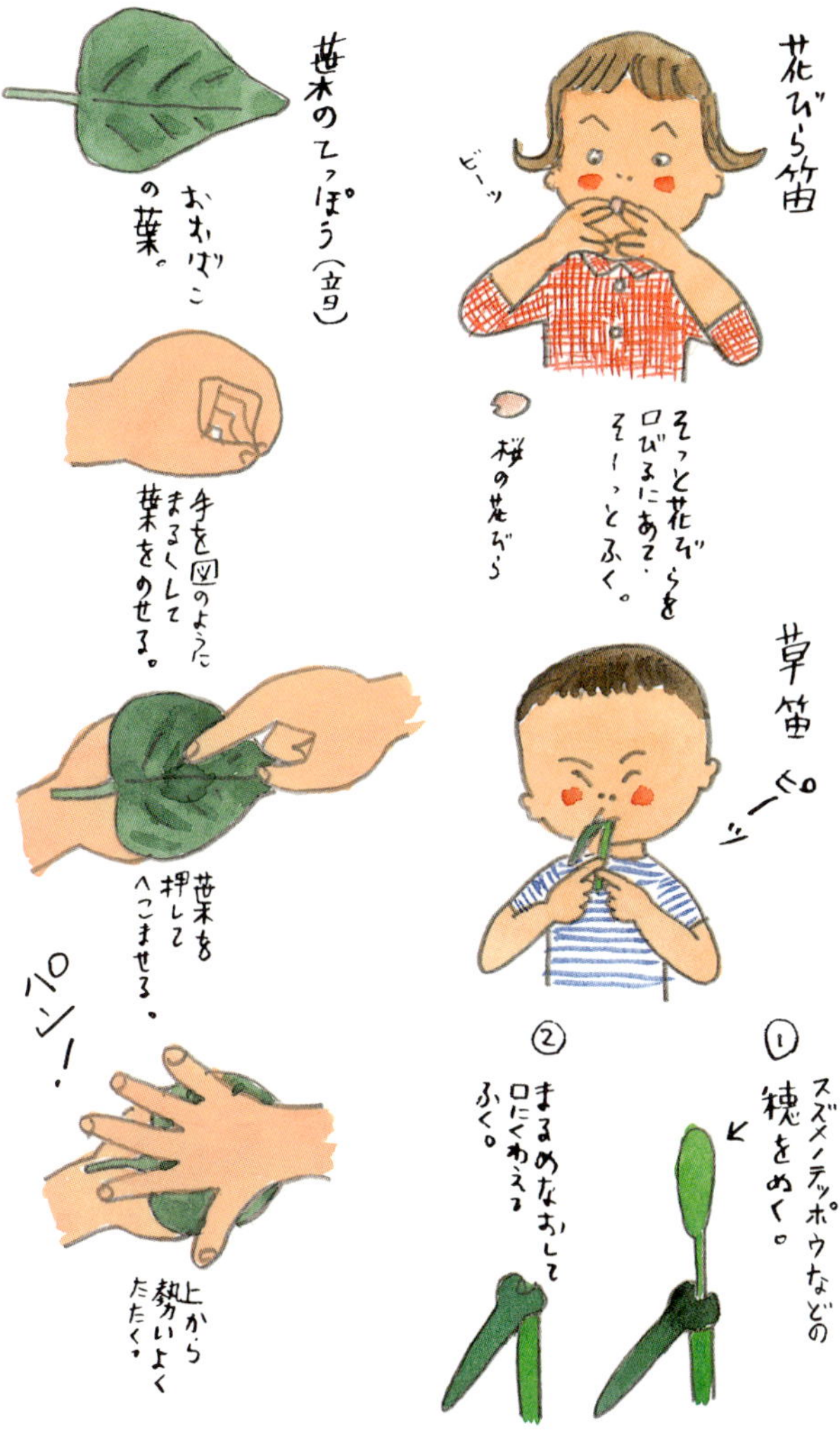
花びら笛
ビーッ
そっと花びらを
口びるにあて、
そーっとふく。
桜の花びら
草笛
ピーッ
①
スズメノテッポウなどの
穂をぬく。
②
まるめなおして
口にくわえて
ふく。
葉のてっぽう（音）
おおばこ
の葉。
手を図のように
まるくして
葉をのせる。
葉を
押して
へこませる。
パン！
上から
勢いよく
たたく。

緑がどんどん広がって、日に日に濃くなっていくのを眺めるのは、気持ちいいものです。私の家の近くに大きな公園がありますこの季節には、芝生の緑の中にクローバーやらおおばこの緑が、人に踏まれても踏まれても頑張っているのを見ます。元気が出ます。

私は息子が小さいころに、その公園によく遊びに行きました。この季節はぼたん桜が満開。ぼたん桜の下でお弁当を食べたりしました。息子と公園に行かなくなってしばらくして、ぼたん桜の木があったあたりに柵ができ、入れなくなりました。汚水の浄化槽を地下に作ったようです。ぼたん桜が終わるころ、その柵の中にひなげしやマーガレットや矢車草が咲き乱れるようになりました。とてもきれい。雨の日も風の日も夜中も明け方もパーッと明るく咲いています。

今、私は犬と公園を散歩します。この公園は内側と外側に金網で分けてあります。内側にはペットは入れない決まりですから、私は外側を散歩しています。内側の公園には草の種類も木の種類も多いので、犬を家に置いて散歩したいと思うのですが、なかなか実現しません。

この公園大きいのです。外側は西と東とに分かれています。うちは西側を散歩してましたが、去年の終わり、木の葉もすっかり散ったころ、東側の公園に行ってみました。東側は西側よりどーんと広いのでした。でも整地をし木を植えて間もないらしく、春になっても雑草が少なく緑の広がりもまだまだです。それでも広い空の下の緑の中にいると気持ちいい。

久しぶりにおおばこを見つけて草相撲。夫にこっちを持っていちにいのさん、で引っ張ってね、と言って草相撲をしてみましたが、やっぱり子供とやっていたほうが楽しかった。

子供と遊んだことを思い出しながら作った『わらべ遊び』(集英社文庫　現在品切れ)の中から、草花遊びをご紹介しました。近くの公園や野原で楽しんでみてください。

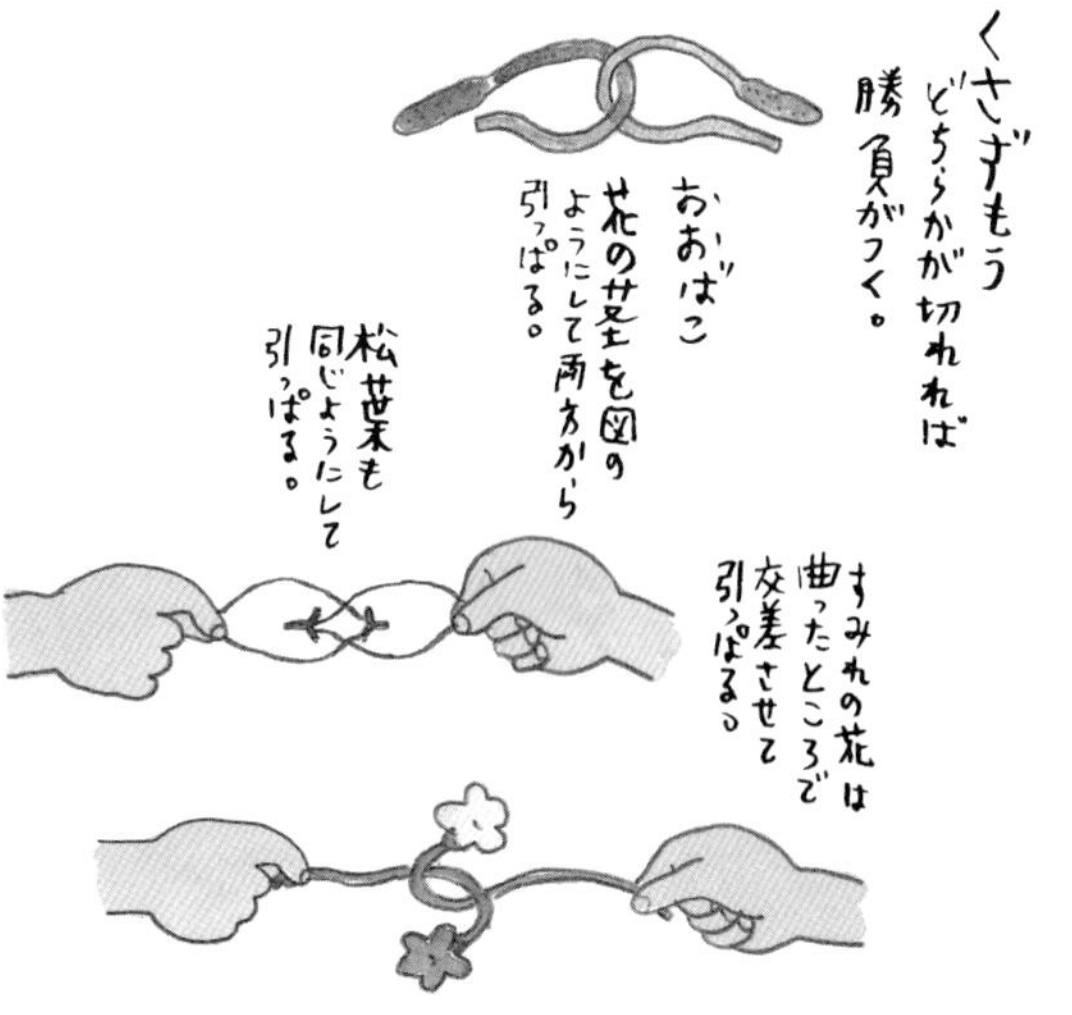
くさずもう
どちらかが切れれば
勝負がつく。
おおばこ
花の茎を図のようにして両方から引っぱる。
松葉も同じようにして引っぱる。
すみれの花は曲ったところで交差させて引っぱる。

お茶を頂く前にお菓子を頂戴する。

㊀「いただきます」といって、器ごと取って、膝の上で一口大に切り、こぼさないよう胸のあたりまで持って来て、楊枝でいただく。

㊁懐紙にお菓子がのせてあり、楊枝がついていなかったら、二ツ折りになっている紙をひろげて、こぼさないようにパクついてもよし、のようです。

お薄を飲めるようになる

お茶を頂く。

①右手で茶碗を取り、すぐさま左手にのせて持つ。

②軽くおしいただく。

③左手にしっかりのせて、右手で手前に二回まわす。

③'お茶碗は、出された時、正面が自分に向いている。正面をはずして飲む。

④ゆっくりと三口から四口ぐらいに分けて飲む。残さないように。

⑤飲み口を指先でちょっとふいて（指先はポケットの中のハンカチをさわるぐらいしてふくとよいかも知れない。普通は手持ちの懐紙でふく）。

⑥お茶碗を向うに二回まわす。

⑥'出されたもとの位置にもどすわけです。つまり正面が自分に向くように。

←p115につづく

古い町の寺院や美術館や茶店では、お薄(抹茶の薄く淹れたもの)を飲めるところがあります。旅先では日常とちょっとだけ違うことをしてみたいものですが、お薄を気軽に飲めると楽しみも増えます。

昔、お年を召した方と京都に行きましたが、その方がもてなしを受けられる時、お相伴させていただきました。それで一番困ったのはお薄をいただくことでしたの。人のまねをしてなんとか飲み干しましたが、飲み方を知らなかったのでとてもドキドキしました。

それでというわけではありませんが、私、お茶を習っております。約10年は通っておりますので一応お薄は飲めるようになりました。お茶を習ってみてよかったことは、お薄を出されても恥をかかなくてすむようになっただけではありません。ちょっとした作法、おじぎみたいなことが、ごく自然にできるようになったと思います。

日本の習いごとには、お茶をはじめ、生け花、舞踊、三味線や琴などがありますが、お茶はわりあい生活に役立つこともあるのです。

私はお薄を飲めるようになっただけで、気持ちに余裕ができましたし……。

さて、もしもお薄を出されたら、モジモジしないで堂々と飲んでしまうことです。そして出された茶碗は大事に扱うこ

p113つづき

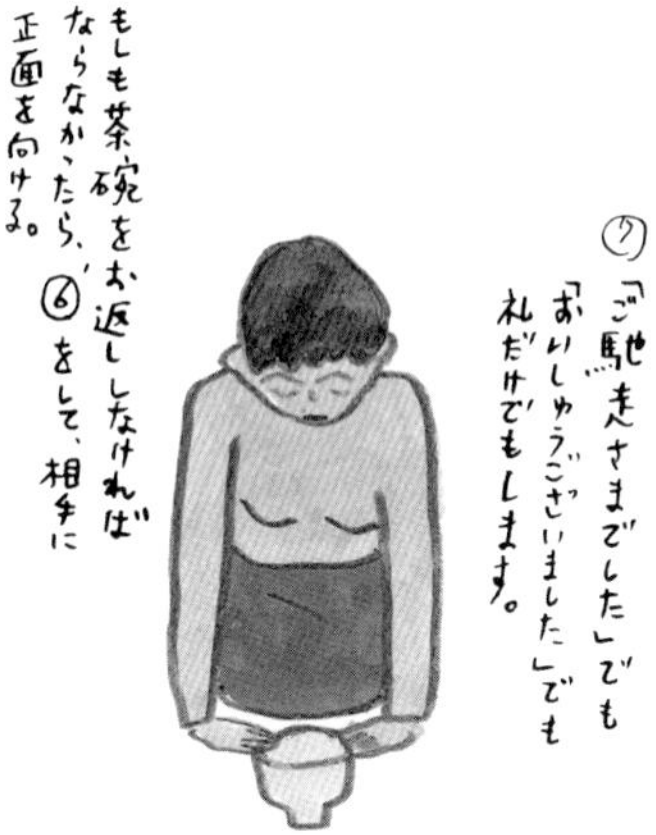
⑦「ご馳走さまでした」でも
「おいしゅうございました」でも
礼だけでもします。
もしも茶碗をお返ししなければ
ならなかったら、⑥をして、相手に
正面を向ける。

とを覚えておけば、当然落とさないように右手で取ったら左手にしっかり受けて、右手でカバーするようになるでしょう。煎茶をいただく時、両手でいただきますが、あの調子でよいのだと思います。

お薄（お濃茶も）の器、つまり茶碗は値段の張るものが多く、また正面というのが決まっているものがほとんどで、正面は少しはずして飲むきまりがあります。とりあえずお薄を飲めるようになっておいてソンはないと思いますので。

手ぬぐいと風呂敷を楽しむ

三ツ折りにして縫う。

オリジナルの風呂敷をつくる。
プレゼントの包装として
使うのもいい。

袋として使う。

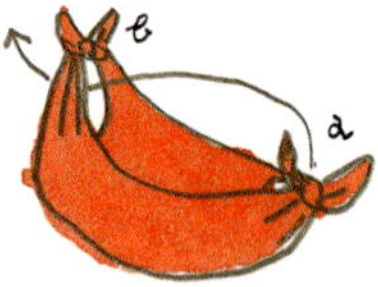

①aは大きく結ぶ。
bは小さく結ぶ。

②bの結びめの下の
穴にaをくぐらす。

風呂敷に包む。

お酒やワインの
びんを包む。

①まん中に
びんを置く。

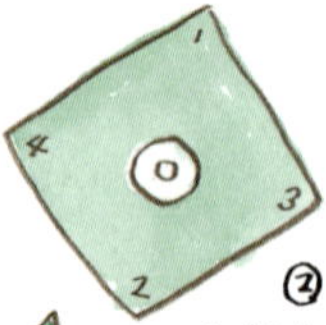

②1と2をびんの上で
結び、3と4をびんの
胴にぐるりとまいて
結ぶ。

③出来上り。

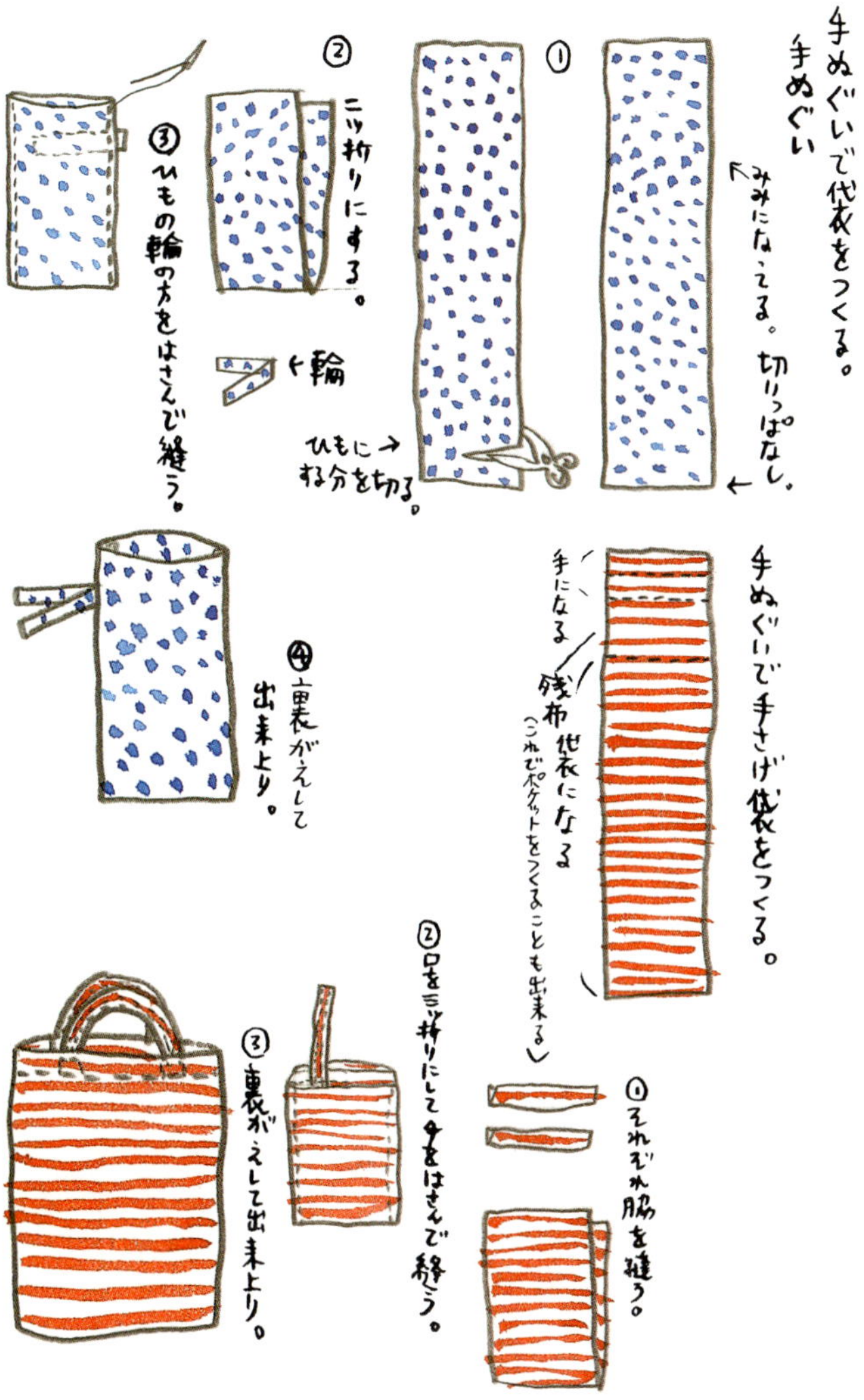
手ぬぐいで袋をつくる。
手ぬぐい
みみになってる。
切りっぱなし。
①
ひもになる分を切る。
②
二ツ折りにする。
←輪
③
ひもの輪の方をはさんで縫う。
④
裏がえして出来上り。
手ぬぐいで手さげ袋をつくる。
手になる
残布
袋になる
(これでポケットをつくることも出来る)
①
それぞれ脇を縫う。
②
口を三ツ折りにして手をはさんで縫う。
③
裏がえして出来上り。

ある方に田舎から送ってもらったというお米のおすそ分けをいただきました。袋は手ぬぐいを二つ折りにして両脇を手で縫ったもの。おいしいお米もうれしかったけれど、手ぬぐいの袋も素敵でうれしかった。

手ぬぐいは手をぬぐうものだから、その名前がついているのでしょうか。手ばかりでなく、風呂で体を洗ったり、汗をぬぐったり、それからホコリ除けに頭にかぶったりしていた、生活に欠かせない布だったようです。タオルが普及して、手ぬぐいは忘れられてしまいましたが、浅草には柄の楽しい江戸好みの手ぬぐい屋が健在です。↘

そんな手ぬぐいを見ると、ランチョンマットに作るのもいいな、前掛けも作れる、袋に縫って持ち手をつけて、エコロジー買い物袋にもできると思うのです。

昔は手ぬぐいと同様に生活用品として欠かせなかったものに風呂敷という四角い布がありました。風呂屋に行った時、敷いて衣服を脱いで、包んだり、風呂から上がって足をふいたりした布で、また物を包んで持ち運ぶために使ったのでした。もちろん今でも物を包む時に使われていると思います。

ある呉服屋さんで、木綿の反物をかわいらしいプリントの洋服地の風呂敷に包んでくれました。そこの90歳のおばあ様が、包装紙より(捨てちゃうから)あとあとも役に立つだろうから、と縫っているということでした。いい柄の風呂敷が見つからないとグチをこぼしていた私は、ハッとしました。なにも風呂敷として売っているものにこだわることはなかったのです。

　実は、私は季節はずれのセーターなどをしまう時にこの風呂敷で包んでしまっています。またお酒やワインを人様にあげる時も風呂敷を包装紙代わりにしています。

　日本の昔の手ぬぐいと風呂敷、もう一度見直してみたいと思います。

たたんでバッグに入れてお買物に行く。
お買物をしたらそのバッグを使う。

ようやっと探し出した
おいしいそばがき

ないしょのおそばやさんでのこと。
閉店間際に
入ってきた
お客さんに、
なにやら
湯気のたった
ものが出たのでした。
「おいしそう、
あれなあに?」

あんまりうらやましそうにしていたのでおかみさんは見かねて私達にもつくってくださった。

ジャーン! そばがきでした。
「おいしい!!」

そばがきの応用
お汁粉(ぜんざい)
みそ汁
きな粉まぶし

そばがきを知っていますか？『ＬＥＥ』世代の人にはなじみがないでしょうね。私は祖母が作ったそばがきを食べたことがあります。灰色の味のないだんごのようなもので、決しておいしいものではありませんでした。

ずっと後になってそば屋でそばがきを食べました。祖母のそばがきを思い出したから頼んでみたのでした。でも出てきたのは木の葉の形をして湯に浮いているおしゃれなものでした。ちょっと硬めで、私のイメージのそばがきとは違いました。昔私が食べたのは軟らかでしたし、しゃもじですくったまんまが鉢の中に入っていて形なんかなかったのでした。↘

友だちのそば屋（内緒のそば屋なんです）で、ある日偶然理想のそばがきを食べさせてもらいました。たまたまそばが売り切れて、閉店のはずだったところに入ってきた客が、そばがきでもいいと言ったんでしょうか？　席についた客の前にやがて運ばれてきたメニューにはない食べ物（そばがきだった）をうらやましがったら、友だち（女将）が私にも作ってごちそうしてくれたのでした。

おいしかった！　忘れられません。で、どうしても作り方を知りたく、お願いして、教えてもらいました。作り方は簡単ですが、火からおろすタイミングが、ちょっと微妙かなと思います。

ただし家で作るのは友だちのそば屋のそばがきのようにおいしくできません。なぜかと言うと(もちろん腕ということもあるけれど)、そば屋ではとっておきのそば粉と、水ではなく濃いそば湯で作るから。

でもまあ水でもそれなりにおいしくできます。私が作れるんですから、たぶんどなたでも作れると思います。

そば粉は体によさそうですから、ちょっとおなかがすいた時におすすめです。ただ、そばアレルギー体質の方は残念ですが食べられませんね。

用意するもの

水（3）と
そば粉（1）

薬味
（わさび、ねぎ、大根おろし）
つけ汁

つくり方

①水を火にかける。

②沸いてきたらそば粉を入れる。

③すぐにはし5、6本でかきまぜる。

④もちっとしてくるまでまぜる。

⑤火からおろして水をつけしめらせたおたまなどですくって、器に入れる。

ないしょのおそばやさんの
おかみさんに
つくってもらいました。

⑥はい！出来上り!!
簡単でしょ。
でもてきぱき
つくらないと
おいしくない。

ちょうちんみたいな明かりは秋に似合う

シェードの形が面白い。
でも和紙だからやさしい。

「秋深し隣は何をする人ぞ」と芭蕉は俳句を詠みましたが、隣人とあいさつすらしないマンション（団地、アパート）暮らしの今の人も秋の夜長には人恋しくなり、壁一枚向こうの隣人が気になるのではないでしょうか？　芭蕉の句は今の人の気持ちにもそっくりあてはまると思います。

でも夜長だって居心地よい部屋作りをすれば、隣人を気にしなくてよくなるかもしれません。

夜と言えば明かりです。明かりの選び

方や配置で、部屋の雰囲気はずいぶんよくなります。明かりを選びましょう。

私は'66年にニューヨークに行きましたが、そこで心地よい部屋作りには明かりが大切ということを知りました。当時の日本の家は天井に取りつけた、部屋全体をくまなく明るくする照明器具のみでした。もちろん私も、夜も昼のように明るければよいという考えだったので、複数の照明器具によって明るいところと陰のところを作り出す住まい作りにびっくりしました。まさにカルチャーショックだったのでした。

イサム・ノグチという彫刻家が、'51年にちょうちんのような照明器具を考え(デザインし)ました。私は社会人になって2間あるアパートに越した時、イサム・ノグチのちょうちんそっくりのペンダントを買ってぶら下げました。和紙を通す明かりはフンワリ柔らかでした。'70年、'80年代は和風感覚が嫌われました。でも今はまた、新鮮です。イサム・ノグチの「あかり」シリーズは、和風というよりモダンなのです。

近ごろ気になっているのはフロアスタンドです。シェード(ちょうちん)の形は長いの、丸いの、四角いのといろいろありますが、スタンドは竹でできているのが好きです。居間の一角に温かな明かりを作るには、もってこいと思います。

高さ192センチの
ノッポのもある。
フロアスタンド
タイプ。

棚とか
整理ダンスとか
テーブルの上に。
部屋のすみが
明るいと、
部屋にひろがりが
出る。

オゼキ
でんわ 058-263-0111
http://www.ozeki-lantern.co.jp/

ペンダントも
いろいろ。本当に
ちょうちん
みたい。
このタイプは高さが二種類あって―
低いので60センチ、高いので79センチ。
バンブー →
ふんわり
やわらかい
明りだから
気持が
おだやかに
なると思う。

4.

四季折々のプレゼント

お礼の贈り物は頑張り過ぎてはいけない

大人の男性へのお礼はお酒類もいい。もちろん下戸の人には迷惑になるだけですが。

送る場合必ずお礼の手紙をそえます。

日持ちする焼き菓子はお礼にもってこい。私は和菓子の焼き菓子が好き。知人に戴いてからお礼の定番にしているのがこれ。

赤坂日記、都わすれ、爛菊、夢月の詰め合わせ。

赤坂の塩野 03・3582・1881

どうやって送るか。
手紙と
贈りもの。
のし紙を
かけたもの。
その上に紙で
包む。
袋に入れて、
宛名を
貼る。
横にされたく
ないものは、
指示をして。
お礼に訪問する場合は、
相手様の都合をよく考えて。
お礼の物もぎょうぎょうしく
ないものを。
幼稚園の先生の
お礼は
実用的なものも
いいかな?
室内ばき
エプロンと
小さなタオルとか

私は昔、週刊誌の表紙に絵をつける仕事から、スタートしました。

それに抜擢してくださって、育ててくださった方に、業界にもプロとして認めてもらえるようになったので、頑張ってお礼をしようと思ったことがありました。当時カッコいい服を作ると評判のテーラーで、ジャケットを仕立ててもらう贈り物を、おしゃれなその方にはぴったりと思い頼みました。もちろんあれは仮縫いもしてもらわなければなりません。どうその方に仮縫いのことを話したのか忘れてしまいました。実はテーラーの主人と布選びをしたのが、かなり派手だったのです。仮縫いの時きっと驚かれたと思↘います。そのジャケット、時々お召しいただけましたが、お気を遣ってくださっているような気がしました。お礼の贈り物は、頑張り過ぎてはいけない、と思いました。

お礼の品物はこちらの趣味嗜好を押しつけてはいけないのです。体につけるものも難しいけれど、什器も難しいと思います。いただいてみるとそのことがよくわかります。だから差し上げる方のお好みを考えて、どんな生活をしていらっしゃるのか考えて、品物選びをせねばなりません。形のあるものはホントにホントに難しいのです。

私は近ごろ食べればなくなってしまう、

食品が多くなりました。

　日本はお礼のものにのしをつける習慣がありますけど、あれはなかなか素敵です。中身がもなかなのにのしがしてあるだけで、改まったちゃんとしたお礼のものになりますものね。

　ある時焼き和菓子をお礼にいただきましたが、おいしくて感激。それからそこのをお礼に使うことが多くなりました。でも甘いものを嫌いな人、体に差し障る人もいますから、むやみには贈れませんけれど。

　いただいてよかったものは覚えておいて、贈り物の一つにすることも多い私です。

年上の偉い方にお礼の物を選びましたが、大失敗！オーダーメイドのジャケット。派手すぎでした。お好みを考えなかった。

これも失敗でした。子供の友達のお母様に子供がお世話になったので、靴を贈りました。靴のサイズはセンチだけでは合わないのです。幅とかもあるのです。

新入学おめでとうの喜ばれる贈り物

中学生になった
女の子には
おしゃれなものも
いいかも
知れません。

叔母がくれた口紅は
赤でした。
私が欲しかったのは
ピンクでした。

こんなのを
中学入学祝い
にしました。
どれにするのか
きめるのが
むつかしかった。
好みが分からな
かったから。

「あっ、大きくなった！」
中学生になるとズンズン成長する。
だから大人っぽいものを選ぶのも
いいと思った。

幼稚園や
保育園では
お昼寝をする。
だからかわいいパジャマが
必要です。
あげてください。

自慢になるけど、幼稚園や保育園の入園お祝いに、私がプリントの絵を描いたパジャマをあげると、お昼寝などに持たせるのがうれしいと喜ばれていたらしいのです。ウソじゃありません。それが励みになって、仕事をしていたこともあったけど、いいパジャマを作ろうとすると、お値段がどうしても高くなってしまうから、売れなくて、仕事は続きませんでした。

もしもいいパジャマが見つからなかったら、作ってプレゼントするのもいいかもしれませんね。でも最近は、手作りものはあんまり歓迎されません。

知人の男の子が、中学に上がりました。

私の忘れられない
戴きもの。
小学生になった時、
叔父からズック製の
ランドセルをもらった。
色も形も嫌だったけど、
嫌な男の子と同じで
かなしかった。

子供っぽくないものを、お祝いにあげようと考えました。小学生では持たないもの。大人もうれしくて持つようなちょっといいもの。

考えて腕時計にしました。カジュアルで、スポーティで、でも通学にも持てるもの。友人が、ナイキにいる息子に頼んで、カタログを送ってもらって、選びました。潮の満ち干とか、海抜とかもわかる、私には全然何のことかわからなかったけど、男の子だったらきっとうれしいようなのを贈りました。それを毎日しているのと聞いて、よかったと思いました。

高校を卒業して、本当なら大学入学なんだけど、私は浪人してしまったから、めでたくお祝いとはならなかったのですが、一応新浪人生のスタートとして、叔母が口紅をくれました。もう高校生じゃないの、大人の仲間よ、と背中を押された気がしたものでした。

小さいころはお祝いをもらっても、うれしく覚えていることはあまりないでしょうけど、大きくなってからのは、印象に残るのもあると思うのです。誕生日などのプレゼントとは受け取る気持ちが違うからです。だからよく考えて選びたいものです。喜んでもらえる物選びはなるべく相手を知ることでしょうね。まあそのことはプレゼント全般に言えることですけども。

母の日のプレゼント、もらえたらやっぱりうれしい

ムーミンママのマグカップ
伊勢丹 新宿店
03-3352-1111

原宿のzakkaで売ってるマグカップです。大くっぽくていい感じです。

岩田圭介さんのマグカップ
zakka FAX-03-3407-7003

以前はカトリーヌメミで売っていたけど、今はない。通りかかったプロヴァンスという店に寄ったら、売っていました。石けんをもらうとうれしい。高級な化粧品のメーカーのもいい石けんがあります。それも欲しいです。

プロヴァンスの石けん

麻に水玉をプリントしたのと底に色をつけた手さげバッグ。

大橋歩のホームページで見てください。
www.iog.co.jp

みんなで母の日食事会!
カーネーションも花束にすると感じが変わっていいかも知れません。

母の日はうれしいかしら？ちょっと自分のこととして考えてみました。私はあんまりうれしいと思ったことがないのです。本音でごめんなさい。

ずいぶん前に母の日について取材を受けて、「この日だけの母じゃありませんから、唐突に子供から赤いカーネーションをもらっても、どんな顔すればいいのか困ります」なんて答えてヒンシュクを買ったのでした。息子が小学生でした。

私は自分が祝われたり感謝されたり特別な立場になるのが苦手です。だからすぐ反発してしまう。そう言えばうちでは特別になにもしません。母の日は他人事です。

でも今年は素直になって、母の日を考えてみようと思いました。もしも息子が私に何かプレゼントしてくれるとしたら、何がいいかなあ、どんなものがうれしいかなあって。こういうことになるとガ然現金なことに、あれこれ浮かんでくるのです。どんどん出てくるのです。つまり私はもらったことがないから、うれしくならないのかもしれません。プレゼントは大事ですねえ。

家族一緒にレストランで食事をするのもいいみたいと思います。母親は毎日家族の食事係なんだから、たまには解放してあげるのもいいでしょう（そういう日があったらうれしい）。上げ膳据え膳という言葉があるのですが、それって母親にとっては夢のようなことなのです。また息子や娘が独立して一緒に住んでいないなら、こういう日にみんなの元気を確かめることができて、うれしいかもしれません。家族みんな一緒というのがきっとうれしい。

とは言いましたが、結婚している娘あるいは息子の相手のお母様も母の日です。自分だけいい思いをするのはいけません。そこらへんのことはそれぞれでお考えください。

『LEE』の読者の方のお母様は私の年齢の方もいらっしゃると思います。私が欲しいものはもしかしたら喜んでくださるかもしれません。自信はありませんけど。

キャンドルをつけるとお部屋がいいにおいになる。
アロマキャンドル
ユナイテッドアローズ原宿本店
ウィメンズ館 スタイル フォー リビング
でんわ 03-3479-8176

お中元の季節です

毎年同じ桃を贈り続けている。またあの人からの贈りものだ、うれしい、と思ってもらっていると信じて、贈り続けていますが。

果物の戴きものはなかなかうれしい私。さくらんぼなんていいなあ。でも私は桃を贈ることに決めているのでさくらんぼを贈ったことはありません。

銀座千疋屋の包装紙が特別にかわいいのです。もちろん銀座千疋屋の商品はどれもおいしい上等品ですが。包みの様子も贈りものにはとても大事です。

この中にはオーガニックハニーのびん詰めが入っています。

銀座千疋屋
でんわ　03-3572-0101

おそうめんの
戴きものは
主婦に
とってもうれしい
のです。

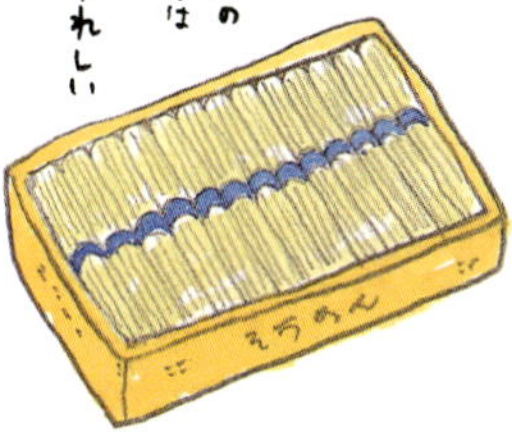

鎌倉豊島屋の
鳩サブレーは缶入り
がいろいろあり、
一番大きいのは
48枚入りでした。
いつか48枚入りを誰かに
贈りたい。もちろん喜んで
もらえる人にです。

鎌倉豊島屋
でんわ 0467-25-0810

暑中御見舞も夏のお礼も
お中元と同じことです。

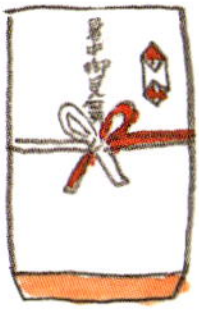

景気がよくない時代なので、お中元の贈答が少なくなってきているようですが、私の場合は贈らなきゃならない人がそう多くないし、「お世話になっています」の気持ちぐらいの贈り物ならなんとか大丈夫なので、毎年しています。

実は昔からお中元というくくりが好きではありませんでした。なんか儀礼のイメージが強いんですもの。だからいただく時もお中元と書いたのし紙がついていると、ちょっと構えてしまって、素直にうれしく思えないこともありました。それで私は手渡しの場合や親しい人には、無地のしで「夏のお礼です」とか言ってすませてきました。でも年を取ったので、最近は儀礼もありかと思うようになりましたが。

さてお中元の贈り物はやっぱり季節に合ったものが一番です。私のはちょっとお中元の時期がズレてしまう(7月の半ばに熟す)、山梨県一宮町の名産の桃と決めています。10年以上前に知人からもらって、おいしくて気に入って以来、まねっこして桃にしてきました。おいしいので毎年待っていてくれる友人知人お世話になった人がいて、差し上げがいがあるのです。ただ自然のものですから6月7月のお天気の具合で味が違うようで、毎年心配します。

私は同じ桃を事務所にも送ってもらっ

て味見をします。甘くなかったら、生産者に電話をしてどうしてなのか一応聞きます。自然のものだからと言っておいしくないものはもらってもうれしくないですもの。

いつだったかある方から大きな缶入りの鳩サブレーが届きました。そのお菓子を知ってはいましたが、食べたことがありませんでした。たーくさん鳩の形のサブレーが入っていました。おいしくなかったら困りましたけど、食べてみたらおいしくて、大喜び。いつかどなたかにあの大きい缶のを送りたいと思っています。子供が3人ぐらいのおうちなら喜ばれると思うのですが、残念ながら私の知り合いにはいません。

おいしくないもの、食べきれない量、使いたくないものはもらいたくありませんよね。やっぱり贈る先様のことを考えて、お中元の品を選びたいと思います。

結婚お祝いのプレゼント

こういうのを欲しいと若い知人がいいます。

麻のコースター
9×9センチ

麻のプレイスマット
45×35センチ

麻のテーブルクロス
130×130センチ

fog
でんわ 03-5432-5610

私が友達にもらった食器セットです。私はとてもうれしかったけど、今の若い人は、こういうものは二人で選びたいといいます。

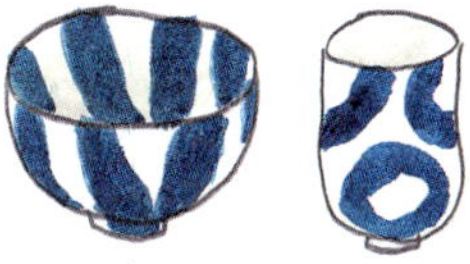

飯碗　湯呑

室内ばきも
いいかも知れません。

私があげたいと思った
飯碗と湯呑です。
知人の高橋新三さんの
ものです。

せっかくのお祝いですから
若い二人が欲しいと思っているものに
するのが一番と思う。

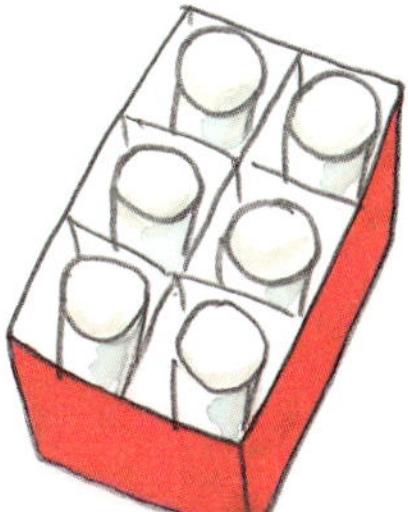

ちょっといいお値段に
なる、六客は
そろえたいグラスも、
もらうとうれしいらしい。

私がもらった結婚祝いのものを、お話ししますね。ずいぶん昔のことになりますが。3人の仲よし友だちからは、銀座の民芸店「たくみ」で選んでくれた和食器セットでした。飯碗2つ、汁椀2つ、取り皿2つ、中鉢1つ、大皿1つ。

自分ではなかなか買い揃えられないちゃんとしたものでしたので、とてもうれしかったのを覚えています。この食器で長年毎日食事をしました。ふだん使いの食器がいい感じは、素敵なことでした。今さらながら、あの時の友だちたちのアイデアに感謝します(実は1つ割れ、2つ割れして、今は飯碗1つと中鉢1つしか残っていませんけど)。

↘

ずいぶん前に仕事でパリに行きましたが、食器店を覗いたら、リスト・ド・マリアージュといって、結婚お祝いプレゼントの仕組みがあることを、聞きました。確かこんな仕組みでした。まず結婚するふたりが特定の店で欲しい食器を決めます。お祝いしてくれる人たちにその店を知らせます。人々はその店にお祝いのお金を送ります。集まったお金でふたりはディナーセットなどを手に入れるのです。食器は一生もの。ヨーロッパのたいがいの食器は、ずーっと作り続けられていますから、1つ壊しても、買い足すことができ、ゆえに結婚を機に一生ものを、こういう形で揃えるという合理的な方法な

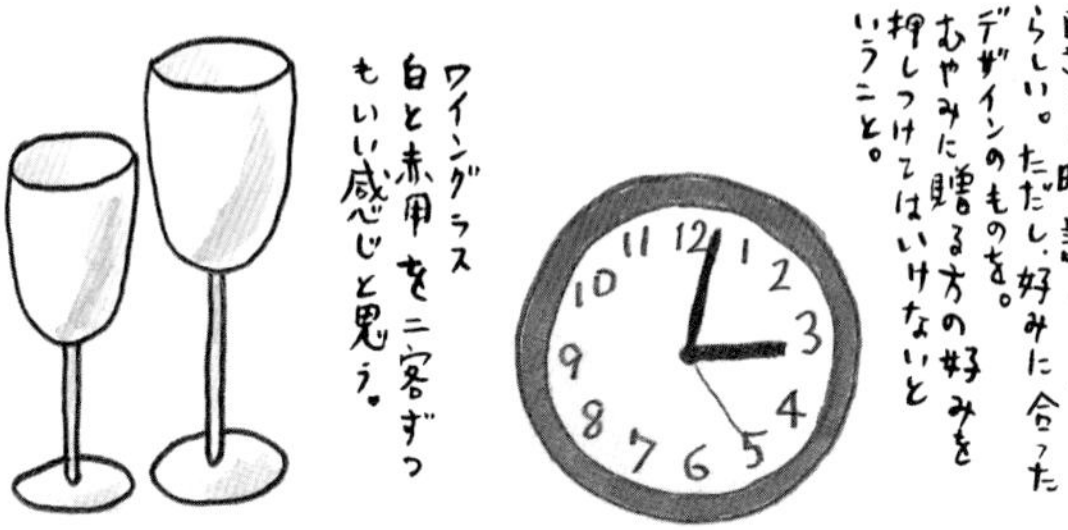
掛け時計や
目ざまし時計もうれしい
らしい。ただし、好みに合った
デザインのものを。
むやみに贈る方の好みを
押しつけてはいけないと
いうこと。
ワイングラス
白と赤用を二客ずつ
もいい感じと思う。

のです。もちろんこの方法は食器に限らないようですが。

　この仕組みを聞いた時、うらやましく思いました。日本ではお祝いプレゼントは贈る人の気持ちにゆだねられています。たいがい贈る人の好みで、あるいは勝手な解釈で決められるものが多いようです。

　まあそれに日本では結婚式や披露宴にお金をかけるから、現金をお祝いとする風習です。だからリスト・ド・マリアージュのようなことは、普及しないのかもしれません。

　でもね、海外で式を挙げる人も多いのですから、お祝いの贈り物のやり取りはあるのですけれどね。

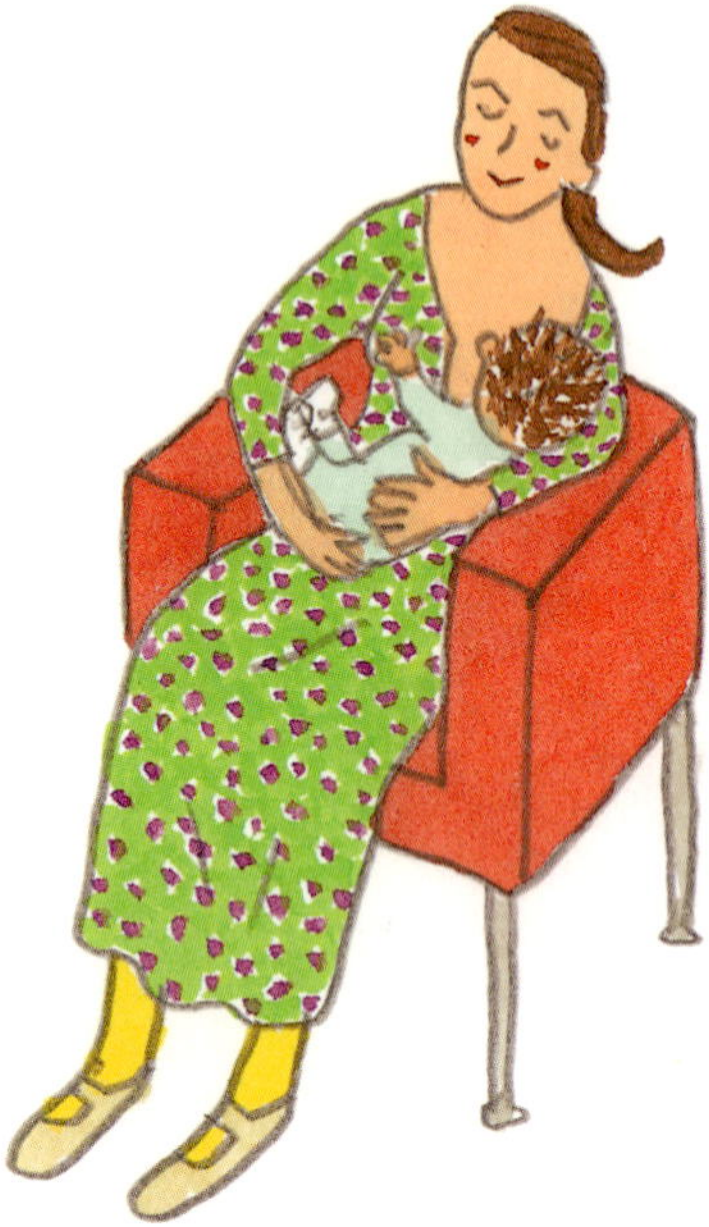
元気でいい子に
育ちますように。
思いをこめて贈りものを
さがしたいです。

赤ちゃん お誕生お祝いは 何がいい？

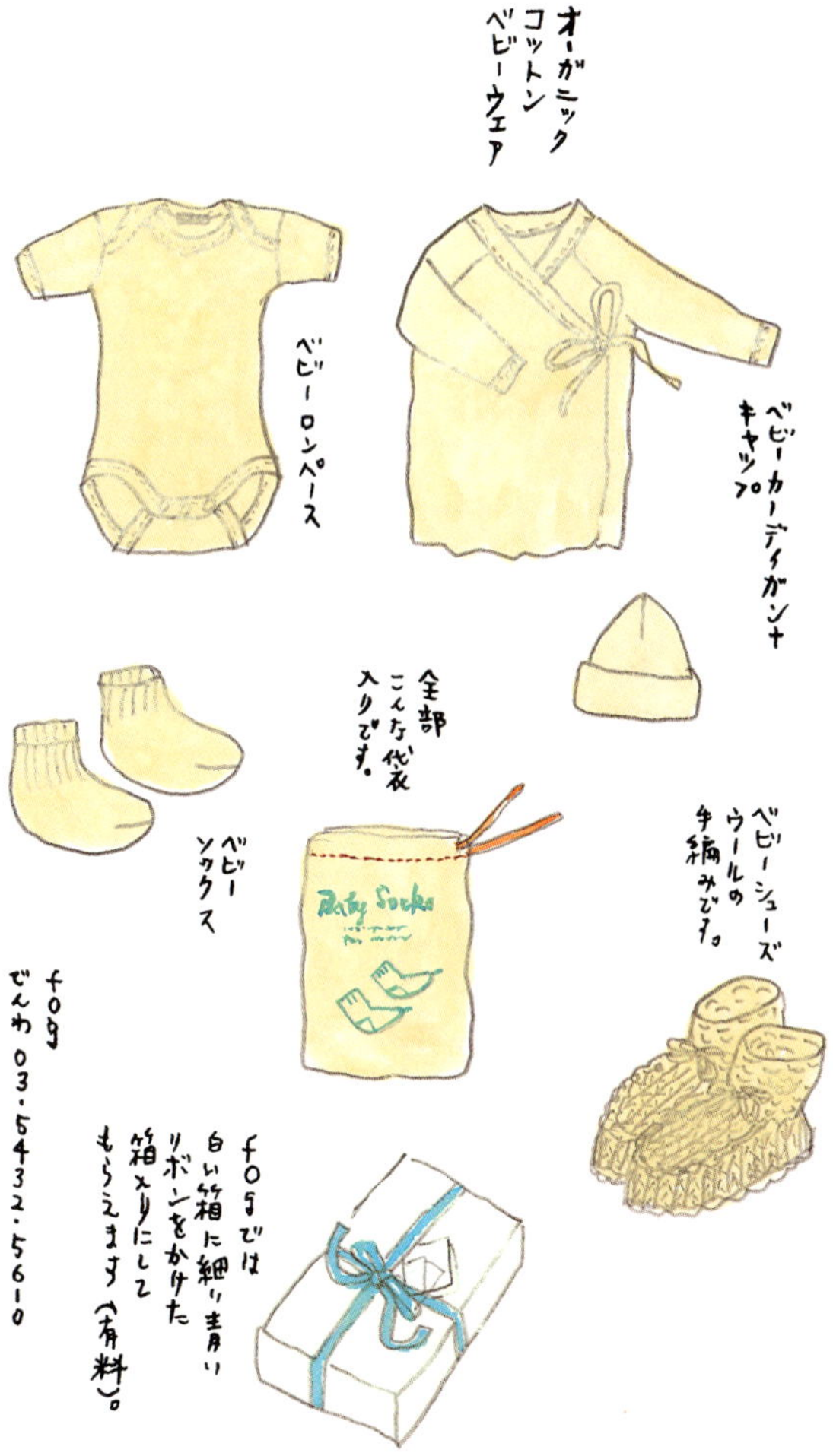
オーガニックコットンベビーウェア
ベビーロンパース
ベビーカーディガン＋キャップ
全部こんな袋入りです。
ベビーソックス
Baby Socks
ベビーシューズ ウールの手編みです。
fog
でんわ 03・5432・5610
fogでは白い箱に細い青いリボンをかけた箱入りにしてもらえます（有料）。

知り合いが秋に出産予定です。彼女が赤ちゃんの授乳の時の椅子を探してると聞いて、そんなにお値段が高くなければ、それをお祝いにするのもいいねと夫は言うのですが、調べたらちょっと予算オーバーになりそうで、今のところ考え中です。

ずいぶん前に、印鑑とお祝い金を貯金した通帳をあげたことがありましたが、考え過ぎの贈り物だったようで、恐縮されてあまり喜ばれなかったようでした。やっぱりかわいい赤ちゃん用品をもらうほうがうれしいみたいでした。

それでもあげる段になると、赤ちゃん用品はあちこちからもらえるだろうか➘ら、重なるのもご迷惑だろうから、とよけいなことを考えて、それじゃ頑張ったお母さんにあげちゃおう、とスカーフやらセーターやらを贈ったこともありました。それも今考えると喜んでもらったのだったか、それがよかったのか自信がありません。

赤ちゃんのお祝いなんだからやっぱり赤ちゃん用品が素直にうれしく受け取ってもらえるのかもしれません。

歩き始めたころにはく靴もいいなあ、ベビーカーで使うタオルケットやブランケットもいいかなあ、汗っかきの赤ちゃんのパジャマも使ってもらえるかもしれない。でも銀のスプーンとフォークも記念になっていいように思うのです。

考えていたらそばにいた人が、銀のフレーム（写真を入れる額）もいいかもしれないって。

昔うちにお祝いをいただいたものを思い出してみますと、一番大きくて立派だったのが、ベビーカーでした。寝かせて使うことも座らせて使うこともできるタイプので、ずいぶんうれしく思ったものでした。ああいうものは本来実家からもらうものなんでしょうね。実用的なもののほうがうれしくもあり、でも好みじゃないものは、使う気になれませんから、それを考えると、贈り物を選ぶのは本当にむつかしいです。


椅子は、好みもあるし、よーく考えてと思っています。

ファスナーを開けると…1から10までのお勉強の本

COUNT
AND
PLAY

ふかふかの布のバッグで〜

5 FINGERS IN
FIND 6 FRIENDS

贈りものを入れるといい感じのブリキの箱。絵柄は紙にプリントしたのが貼ってある。

La boite à couture
2 3 4 5

子供椅子です。綿の入った布ぐるみです。これはひつじさん。

しっぽがとりはずせる。↘

スニーカーも
かわいい！
歩けるように
なったら
お父さんと
お揃いなんて。

こういうのは
キッズ用品で
売っていると
思います。

赤ちゃんお誕生のお祝いに
椅子。赤ちゃんの歴史の
始まりになると思う。

年上の男性に贈るもの

年上の男性に贈りものは
とっても むつかしい。

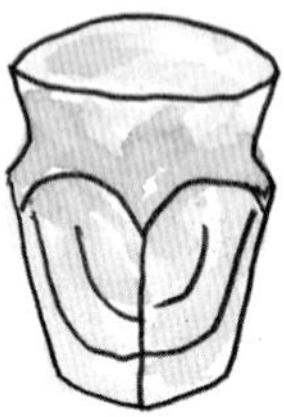
夫はバカラの
グラスなら
いくつあっても
うれしいといいます。

もちろんその方のお好みも考えて、物選びをするのが大事です。でも、お好みを知るのはなかなか難しいお相手だと思います。

私は30代のころ、20歳以上年上の方に、何度か贈り物をしました。考えて考えてカシミアのマフラーにしたこともあったし、革の手袋のこともありました。なるべく当たり障りのないもの、でもあれば使ってくださるだろうちょっと上等のものを選びました。私はその方とよくお会いしていましたから、身の回りのものを選べたのだと思います。あまり会うことがない人だったら、マフラーや手袋は贈らなかったかもしれません。あの方なら使ってくださるだろうと思って選んでいましたから。でも本当に喜んでくださっていたかどうかはわかりませんでした。

それでいただく立場のことも、何かの参考になるかもしれないと思うので、うちのことをちょっとお話しします。

私と夫は同い年ですけど、今までいただいてうれしかったものを、考えてみます。感激したのは、青山にある『ブルーノート』(食事をしながらジャズなどの生の演奏を楽しめる店)のペアの招待状でした。まず演奏家の予定表が来ます。聞きたい演奏家と行ける日を伝えます。すると予約チケットが届きます。もちろんちょっとおしゃれして夫と幸せな夜を過ごしました。素敵な贈り物でした。

お酒が大好きな夫のことを知っている人からは、ワインやウイスキーやシャンパンが届くことがあります。飲んだり食べたりしてなくなってしまうものは、わりとうれしい贈り物でした。

物をいただいて使いようがないものは本当に困ります。例えばシャツとかセーターとかひざ掛けなどをいただくと、たいがい困ります。好みが違うからです。だから身につけるものは贈り物には難しいと思うのです。

贈るものを選ぶ前に、お好みの情報を手に入れることだと思いますが。

シャンパン
木箱入りのも
すてきですが。

お仕事以外の情報がない方。
マフラーやシャープペンシルはいかがでしょうね。

カシミアの
マフラー

ゴルフ好きの方に
ポロシャツとか。

上等の
素材の
カジュアルな
手袋。

万年筆やボールペン
モンブランのものでも
ボールペンならお手頃でしょう。

ゴルフ好きの方には
いろいろありそうです。

いつもご夫婦でお出かけの方に
音楽会等のチケットもすてき。

いろいろいただいてきました。そしてそのたびにうれしく思ってきました。

そしてあげれば返ってくる、いただけば返す。このやり取りが楽しい相手とだけ続いていることも多いのです。夏に桃を送る友だちから、秋には柿が送られてきます。友だちは桃を待っていてくれるらしいので、送りがいがあるのですが、私も秋の柿が待ち遠しい。その友だちが冬にはりんごも送ってくれることがあります。

そうすると私は東京のクッキーを送ります。やっぱりもらいっぱなしになるのは気持ちがおさまりませんもの。でもすぐには送らないようにはしているつもり。

もらってうれしかったもの

頂いてうれしかった
お菓子はお店を覚えて
おいて、贈りものにしてきました。
お店の名前や場所を
メモしたのもなくして
しまって、数年後また
同じ出版社の人に頂き、
それ以後時々買いに
行きます。

ここのお店は
お店のご都合で
ご紹介できませんが。

だって送ってくださるのはあげたいと思ってくださるからで、そのお気持ちはお返しですむものじゃありません。あの人にぜひと思ってあげたら、すぐ返礼として物がきて、ああご迷惑かけてしまったなあと思ったことが何度もありましたから。物をあげるのは難しいのです。あげ上手、もらい上手になりたいものです。

いただいておいしくてまた食べたいと思って、お店をメモしたつもりだったのに、なくしてしまったお菓子屋がありました。数年して偶然同じものを頂戴して、今度こそは、とその店に行きました。いただいてうれしかったものは、誰かにあげることにしています。

最近は紅茶やお茶の葉をいただくとうれしく思う。いただき物だから、日常使っているのより数段高級品ですからおいしい、うれしい。

食いしんぼうなので食べ物がうれしい私です。品物は好みが違うと、いただいても困ります。ムダにしてしまいます。

暮れになると贈答品は下駄とか仕立券付きワイシャツとかの時代がありました。つましく暮らしていた時代は、品物の贈答品もよかったのです。時代が変わると〝うれしい〟も変わります。

箱入りを頂くとドキドキします。

りんごは晩秋から初冬にいただきます。

秋には柿。友達から毎年もらう。

青いレモンです。大きくていい香りです。

はちみつや紅茶を頂くことが多い。どちらもうれしい。

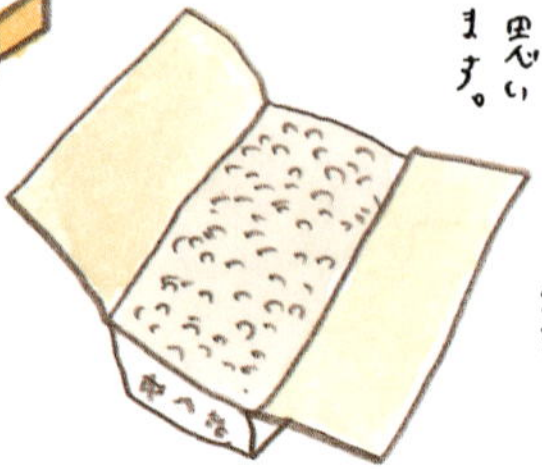

高知の友達から時々頂く「しらす」です。箱にぎっしり。何尾ぐらいなんだろうなあと毎回感激して思います。

昔私の仕事を手伝ってくれていた人のお母様からこ〜くなうれしいものを頂いていました。

柳宗理デザインのボウルセット

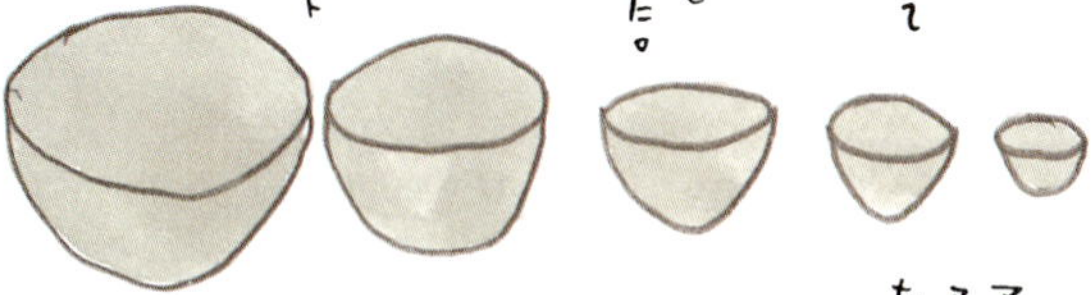

アメリカ製アウトドアのなべです。

これでたけのこをゆでていました。

このサービームのトースターもそうなのです。

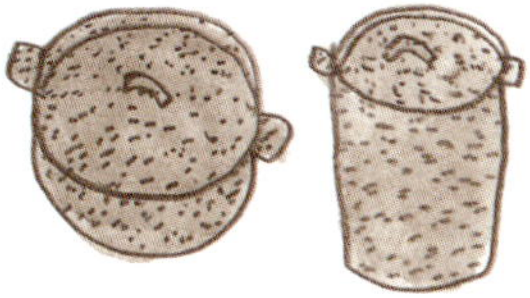

あげっこも知った仲ならいいと思う。義理でじゃなくてね。私は知り合いに頂くものに、うれしい欲しかったものが多いのです。

5.

楽しきかなエコロジー生活

ルームシューズは継ぎをして使うのも楽しい

ウール地のルームシューズ

チェックはその後です。

表はやぶれたり穴があいたりしません。

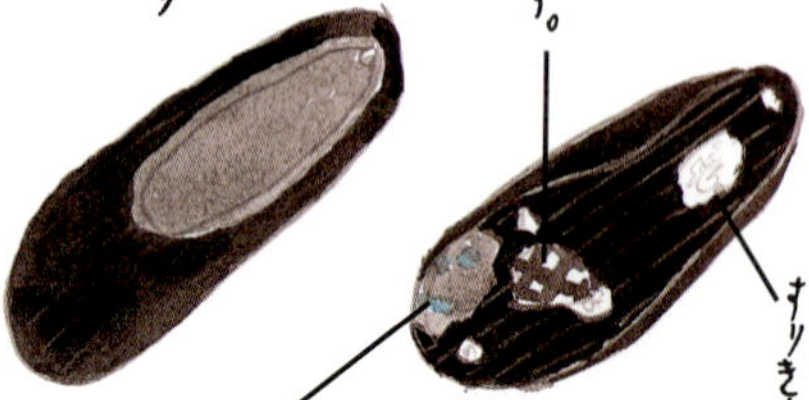

白いところはすりきれ

青は一度め黒にして、それもすりきれた。

麻地のは少し丈夫のような気がします。ずいぶん前のです。汚れていますが表は大丈夫です。

個展の時に買ったもので、よくはきましたから今はこんな状態です。でも好きだと、こんなにしてもはきます。

まちがえて
他のものと
一緒に
洗濯機で洗って
しまったら、
フェルトみたいに。

少し大きかったので
洗濯機で洗って
縮めようとしたら、縮みすぎた。

好きな服はこうなってしまっても
捨てないで、いつかなにかに
作り替えようと思う。
それでこの前 手さげ袋にしました。

底が布の藤原千鶴さんのルームシューズは私のはき方が乱暴なのと、3層の家の階段を上がったり下がったりしているから、底の布に穴があきます。それが右と左ではあき方が違うのです。穴があく箇所に私の重心がかかっているのだと思う。それを見ると両足は決して同じ働きをしていないと言うか、それぞれクセがあるのだなあと感心してしまいます。まあそんな感心が役に立つこともないので、あまり深く考えませんが。とにかく穴を繕ってできるだけ長くはきたいと思うのです。

洗濯してそれから穴をふさぎます。布を当てて縫うのですが、あまり硬い布↘だと針が通りにくいので最近はフリースのような布(以前ぬいぐるみのクマを作った、残り布)でアップリケのような継ぎ当てをします。あちこち破れているからあちこち丸い布の継ぎになりますが、模様のようでもあり血豆のようでもあり、

おかしいと言えばおかしいのです。それから継ぎ当てしたてをはくと足の裏がくすぐったい感じがします。特別皮膚が硬そうな足の裏だって継ぎの当たった箇所は感じるのです。そのうち体重で押しつぶすのでフラットになります。

今は継ぎ当てをして使うものが少なくなりました。昔は(私の子供のころは)子供たちのふだん着には必ず継ぎ当てがありました。ひじ、ひざは定番でした。継ぎの当たっていない新しい服は一張羅と言い、特別なことがないと着させてもらえませんでした。例えばお正月とか。それを着られるのはどんなにうれしいことだったか。お正月の楽しみは一張羅が着られることでもありました。継ぎの当たった服はちっともうれしくなかった。

今は新しい服をふだんにも着ます。服だけは継ぎ当てはしませんけど、ルームシューズに継ぎを当てるようになって、継ぎをして使うことが楽しいように思えます。

私は手を通さなくなった服の中でもいい感じの素材のは取っておいています。いつかこれでクマを作るつもりで大事にしています。それでこの前は手さげバッグを作りました。大事にしたいと思った服がまた別の形で使えるものになるとうれしい。ルームシューズの小さな継ぎの布も思い出があります。

スーパーマーケットの生活用品売り場で考えて買うもの

キッチンスポンジ
サトウキビの砂糖を
精製後の
廃糖蜜から
作った製品
不燃ゴミとして捨てる。

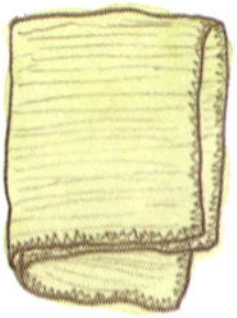

クリーニングクロス
洗剤なしで汚れが
おちる。
ペンキ塗りの壁や
棚の扉も
これでふきます。

水切りゴミネット
ストッキングタイプ
土に還る
生分解性繊維。
生ゴミとして出せる。
ヨーグルトを
つくる時のおおいにも
使っています。

以前は
帰り道にあった
Pスーパーマーケット
で選んでいた。
なくなったので
Tスーパーに仕事を
ぬけて買物に行く。
Tオリジナルキッチン
パック（ポリ袋）
非塩ビ系で
焼却ゴミに使用。
ケースは再生紙。

箱だけですが再生紙80%使用です。

台所用せっけん（無添加）ふきん、食器、まな板用。私は手も洗っちゃう。

リサイクルのものかどうかをよく見て買う。トイレットペーパーは再生紙使用%が明記されている。余計なことだけどトイレットペーパーに香りつきなんて私は好まない。

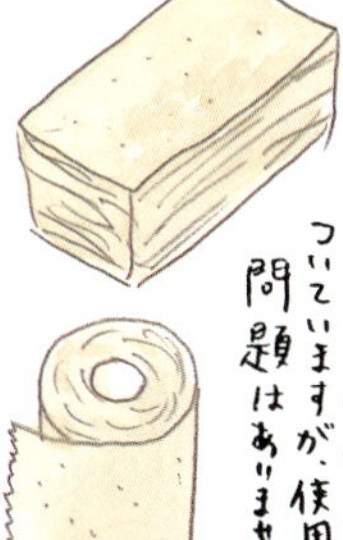

再生紙100%のトイレットペーパー、キッチンペーパーは少し色がついていますが、使用に問題はありません。

物は使い捨てをしなければ経済は発展しないというので、消費生活は正しいと考えられていた時代がありました。でも当時はバッサバッサと使い捨てできませんでした。今はなんの抵抗もなくバッサバッサ使い捨てしています。もったいない感がなくなってしまった。消費は当たり前になっている。私の事務所でさえペットボトルは見事にたまるし、毎日捨てるゴミの量も多い。

でも生活ゴミのリサイクルできるものは回収されます。私は住んでいる世田谷区の指定場所に持っていきます。本や雑誌、ビン、缶、段ボールなど。区で回収しないものはスーパーマーケットの入口に設置されたボックスに持っていきます。ペットボトル、牛乳紙パック、発泡スチロールの食品容器類。あまりにも消費量が多いのでリサイクルなのです。でもあれもこれもどうリサイクルされていくのか、いるのか、さっぱりわかりません。リサイクル製品と明記されている製品に出会う努力をすれば少しは納得できますが。それで私はスーパーマーケットの生活用品売り場を時々うろうろするのです。けっこうおもしろい。発見がある。見つけ物もある。なるべくリサイクルのものを買うことにしています。買わないとリサイクルがサイクルしませんもの。日用品を考えて買うのはけっこうおもしろいのです。
　うちではトイレットペーパーは必ず再生紙のものだし、一時使っていたキッチンペーパーもそうでした。今は乾かして使えるペーパーにしています。また台ブキンはクリーニングクロスで、リサイクル製品ではないけど、洗剤を使わなくていいのでエコロジーです。まず台所で使って、それから掃除用に下ろします。ちゃんと使えばクリーニングクロスだって正しいと思うのです。なんでも使い方によるよ、なんて思いながら、今日も近場のスーパーマーケットにゴミネットを買いに行って、ついでにいろいろ買ってしまった。便利なものについ手が伸びます。

生活用品は考えて買わないといけません。みんながそうすれば、環境はよく変わっていくはずですからね。

毎日汚れをふきとる。
洗剤は一ケ月に一ぺんぐらいで、
いつもきれいきれい。

着ない服は好きな人にあげちゃうのが一番

Aさんに面白いデザインパンツのようなスカートを。
このスカート、ガレージセールの売れ残りでした。
ふむ、Aさんにはよく似合う！
Aさんもびっくりしてた。
こんなデザインもの着たことなかったと思う。
（あげた理由）
肉づきのよい私には
ジャージー素材は
むつかしかった。
お腹ぽっこりだもの。

Bさんにはプリーツスカートを。
Bさんがはくとおしゃれ！
Bさんはもともとおしゃれなんですけどね。
着ない服は誰かに
着てもらうのがいいのです。
ジャージの布のスカート。
脇の白い線がすてきです。
そう思ったから買いました。
（あげた理由）
似合いませんでした。
どうしても！

買ったけど似合わなかったり、着てみたら大き過ぎた服をどうしているかと言うと。私はもったいないから誰かに着てもらっています。前はバザーや友だちがやっているガレージセールに出して、知らない人に買ってもらっていました。つまり売っていたのです。10着が1着の半分ぐらいのお金になりました。そういうお金が手もとに来てもなんか使えないのです。なくなってしまうのが惜しいのです。とっくに売ってしまった服は忘れているのに、売ったお金に気持ちが残っているのかな？　今も冷蔵庫の扉に袋に入れて貼っています。好きで買った服だから、知らない人に着てもらうのも、20分の1の値段に売ってしまうのも、やっぱり寂しい気がしていたら、ここのところ身近にいる年の若い人たちが、着てくれることになりましたので、よかったのです。

Aさんは小さくて細い、Bさんはちょっと大きくて細い、Cさんは大きくてプロポーションがよい。この3人に身長150cmでデブの私の服をそれぞれの体型に合わせ、もちろんらしさも考えてあげています。かわいらしい感じで小さ過ぎて窮屈だった服はAさんに、ちょっとアバンギャルドな服はBさんに、すご～く気に入って大き過ぎもなんのその勢いで買った服はやっぱり着ないからCさんに、という具合です。たぶんみんな喜んで着てくれていると思う。

それにしても似合わない服をよく買ってしまう。いい感じの服を着れば自分がよく見えるに違いないと思うからです。いい感じ＝似合う、とは限らないことはずいぶん前から知っていました。のに。それにしても失敗が多い一つに、お店の鏡がほっそり映るからです。それで似合うと思ってしまう。だから最近は意識して鏡を覗くことにしています。それでも勘違いしてしまう。ハハハハと言うかトホホホ。さて冬物をしまって春夏物を出す季節。またあげる服が出てくる。

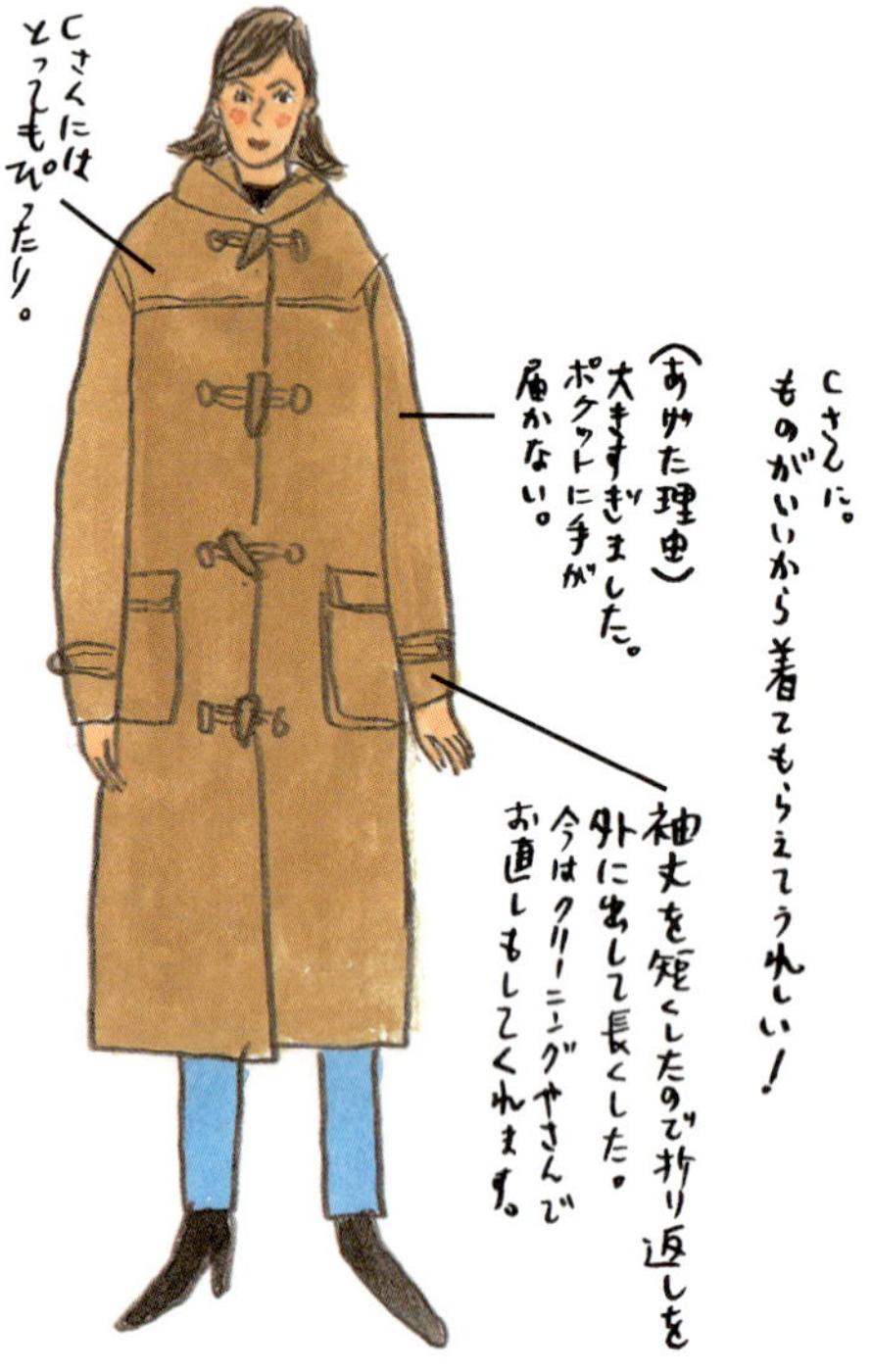
Cさんに。
ものがいいから着てもらえてうれしい！
(あげた理由)
大きすぎました。
ポケットに手が
届かない。
袖丈を短くしたので折り返しを
外に出して長くした。
今はクリーニングやさんで
お直しもしてくれます。
Cさんには
とってもぴったり。

やっぱりCさんに。
レーヨンのスカートを。
ヒラヒラといい感じ。
私にはロングな丈だった。
分量が多かったので知人に細くしてもらったの
だけど、Cさんは背が高いから 分量の
多い方がよかったなあ。でも似合っていた。
(あげた理由)
女の人らしいのが
私には似合わない。

窓はきれいにしておきたいから

石けんは普通の浴用のもの。(純石けん)
炭酸水は味のついていないもの。気がぬけても使えます。
炭酸水
酢は糖分の入っていない酢
す

日射しが明るくなってきました。部屋からの眺めが楽しい季節です。木々の芽や葉の緑は日々変化します。あれを眺めていると幸せになります。私はリビングの大きいガラス窓の前に立って、狭いわが家の庭木の様子と家々の向こうにちらりと覗いている都立砧《きぬた》公園の森を眺めます。それは朝の家事をし終わった、仕事場に出かける前のひととき。このまま家で1日を過ごしたいなあと思うことも多いのですが、いつも思うだけです。家にいたくてもお休みをしたことはありません。仕事が大事です。そんなに忙しくなくても、1日くらいお休みしたって仕事に支障をきたすわけがない日でも、せっせと仕事場に出てしまいます。仕事場にいないと不安なのですよ。貧乏性です。だからほんの数分の窓からの眺めが楽しみなのかもしれませんけど。

その窓ガラスですが、汚れていたら眺めは楽しめません。実は仕事が忙しいので、お掃除を頼んでいます。窓ガラスもふいてもらいます。2週間に一度だけですが。それでも雨が降ると窓ガラスは汚れます。けど、まあたいがいきれい。

問題は千葉の作品倉庫兼アトリエの窓ガラス。あそこは私が掃除しています。掃除の中でも一番苦手なのが窓の掃除なのです。怠けていると、せっかくの海の眺めが半減しますねえ。それで思いきって今日はやる！　と朝から自分を奮い立たせてやっています。ほとんど水洗い。だってたまにやるから外側にホコリがこびりついている。だからやっぱり水洗い。スクイージーで水を切ります。私はクリーナー類は使いません。さーて今度行ったらやらなきゃ。なんとかお手軽できれいになる方法はないものか。

最近お掃除に酢とか重曹とかを使うとよいと聞きます。窓ガラスには何を使うと簡単に汚れが落ちるのでしょうか。お掃除の本をたくさん出されているナチュラル・ライフ研究家の佐光紀子さんによい方法を聞きに行ってきました。

網戸からきれいにします。

①まず ほこりや 汚れをとります。
手に古布を巻きつけたり、
軍手、古くつ下をはめて、
網戸の上から下へ ふいていきます。

②洗車ブラシに
石けんをつけて
洗います。

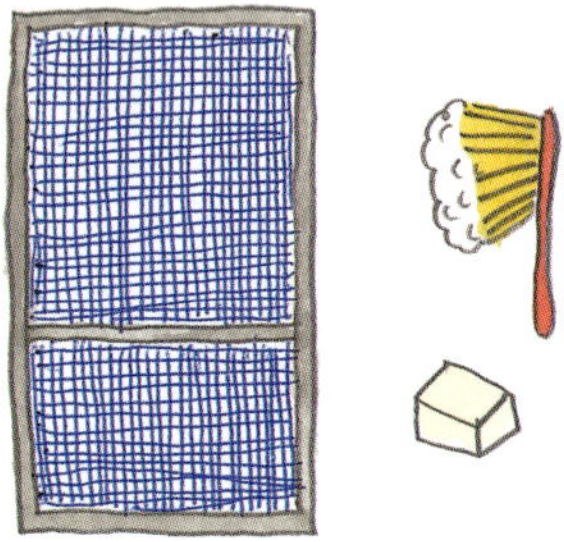

③酢水でしぼった
雑巾でふきます。

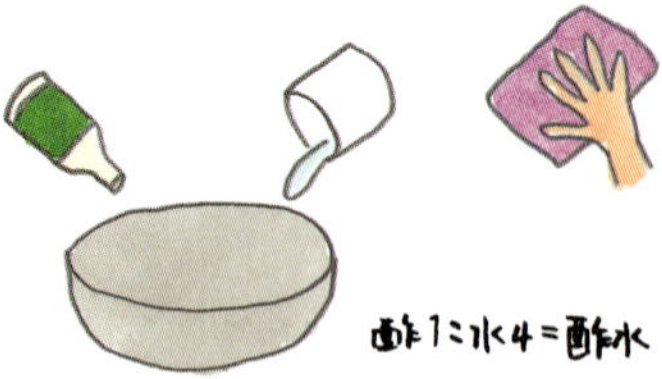

窓ガラスをきれいに。
① サッシのわくを石けんで洗い、酢水でしぼった雑巾でふきます。
(ひどい汚れの時は重曹を水で練って使う)

洗車ブラシに石けんをつけて。

酢水でしぼった雑巾
② 窓ガラスに炭酸水をスプレーしてクリーニングクロスでふきます。
炭酸水はスプレー容器で。

クリーニングクロス(超極細繊維の布)

ナチュラル・クリーニングの本をたくさん出されている佐光紀子さんにお会いできました。

「めがねも炭酸水できれいになりますよ」って。汚れが気になっていたのです。

「炭酸水でですかぁ」

シューッとふりかけてクリーニングクロスでふきとりましたら、

「わー、よく見えます!」

もったいないので
クマ作り

友だちのギャラリーがオープンの予定で、オープニング展をさせてもらうことになり、以前グループ展に出品した動物の絵と新しいのを併せて見てもらおうと思っています。前のは、象を日本画材で、トラは墨で、犬を色鉛筆で、カラスはオイルパステルで描いたのでした。それでクマを身の回りの不用品で形にすることにしたのです。このクマ作りが、今とってもおもしろく楽しい。

　不用品、例えば衿首が伸びきってしまったTシャツや、珍しい茶色の軍手を買ったら子供用だったらしく使用しなかったものや、ふだん着にしようと思って洗濯機に入れて洗ったら、虫食いの穴がいっぱいあいてたセーター、お習字を練習した和紙や、荷物の中に入ってきたパッキング用の紙や、ペットボトルや、コーラの空きビンなどを材料にすることにしました。これはささやかながらリサイクルでもあるわけです。日ごろ不用品を捨てきれず悩んでおりましたので、一石二鳥です。

不用品は物の形をしていますから、形を利用して作ります。例えば軍手ですと指は切ってしまい、手の部分は顔に、切った指は耳や鼻にすることができて、フラットな生地では作れないクマが誕生するのです。目はボタンにしました。服を捨てた時ボタンは使えるのでもったいないから切り取って残したのとか、新しい服を買うと予備のがくっついてくる、あれも残してあったので、それらの中からいいのを探してくっつけましたが、4つ穴と2つ穴とでは表情が違うことを発見しました。2つ穴は穴が横になるようにつけると優しく笑っているようになります。4つ穴を右目に2つ穴を左目につけたら、トホホホと困っているような表情になって、いとおしいというようなことにもなりました。きっとこのクマたちが展覧会を盛り上げてくれると思います。

それにしても、形のある不用品から作り出すクマ作りはわれながら名案と思うのでよけいおもしろいのです。

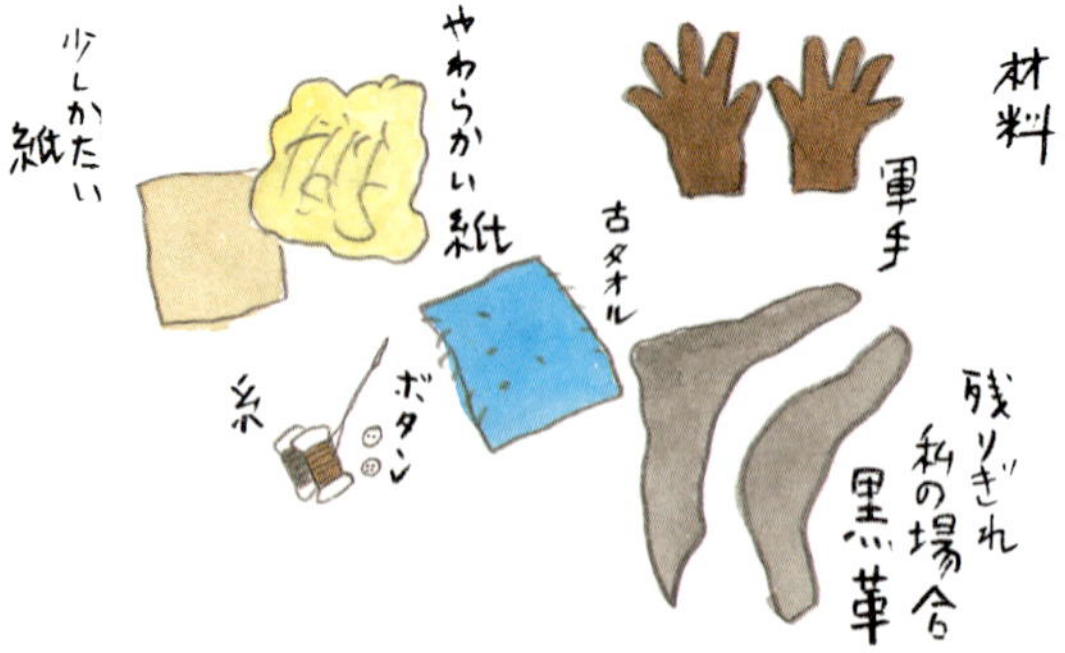
材料
軍手
残りぎれ
私の場合
黒革
古タオル
やわらかい紙
少しかたい紙
ボタン
糸

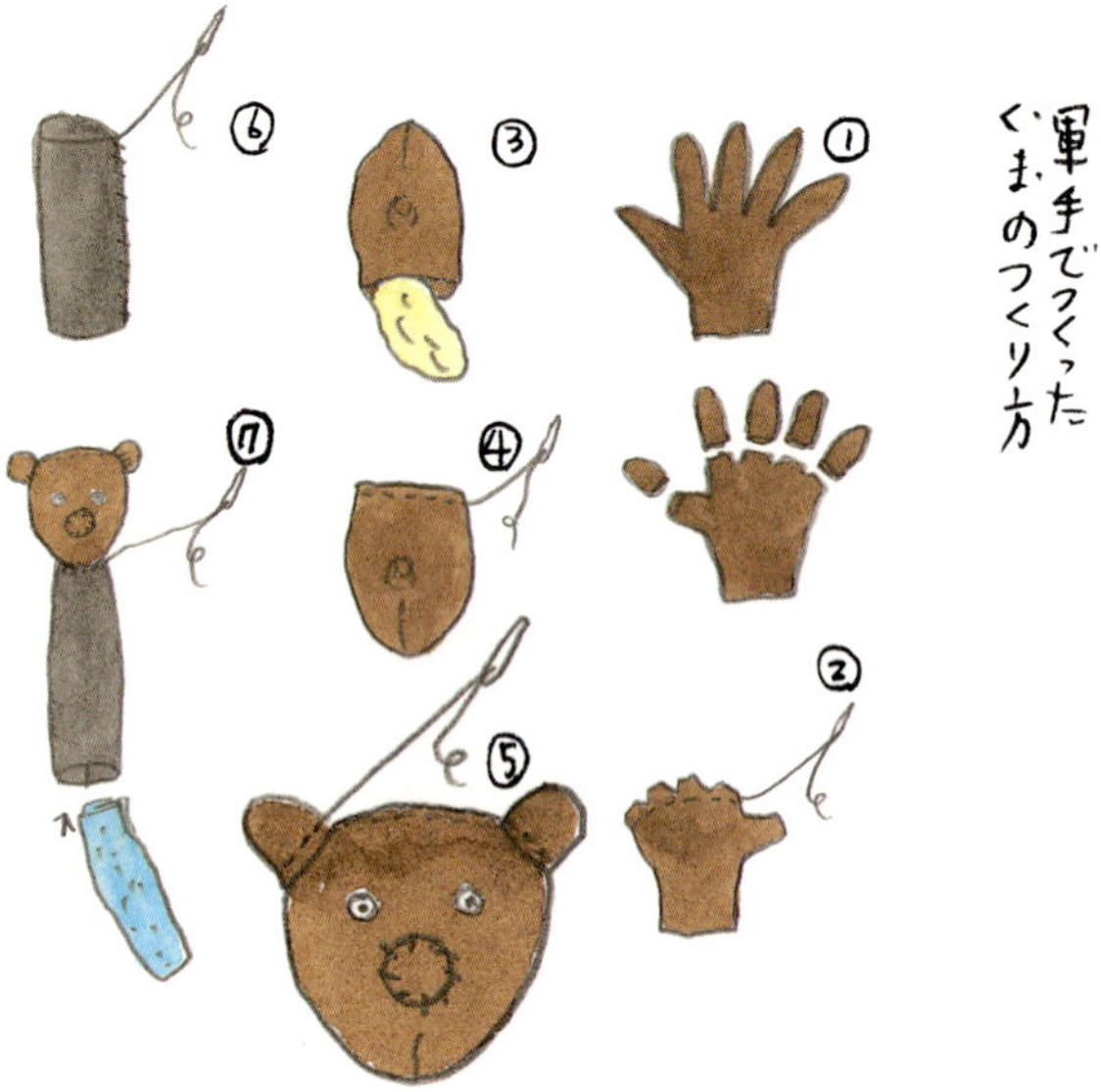
軍手でつくった
くまのつくり方
①
②
③
④
⑤
⑥
⑦

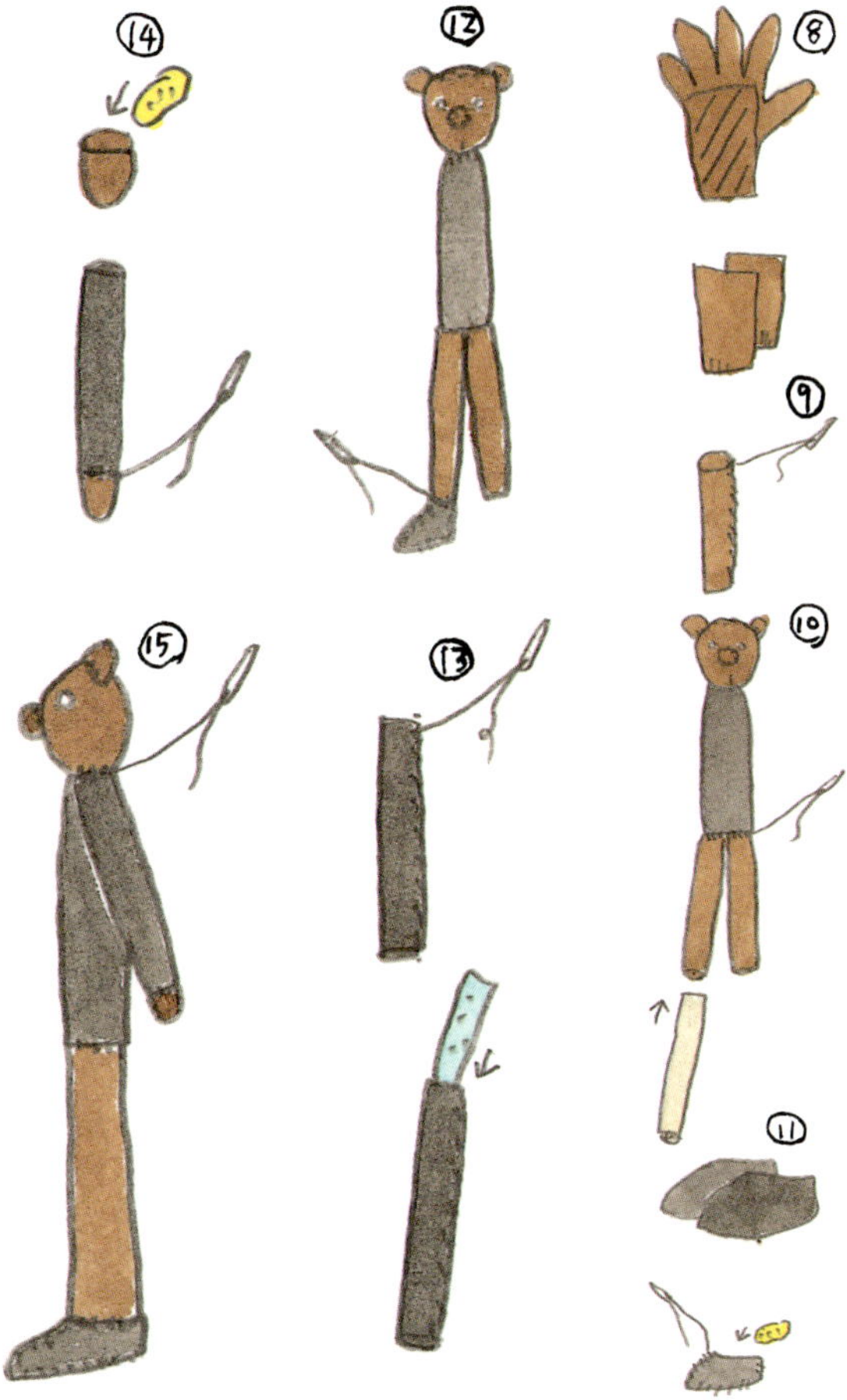
⑭
⑫
⑧
⑨
⑮
⑬
⑩
⑪

〈つくり方〉

① 軍手の指を図のように切ります。

② 裏がえしして親指を残して縫う。

③ 表にかえしてやわらかい紙をつめる。

④ 逆にして口を縫う。

⑤ ①の軍手の指を
耳と鼻にする。

⑥ 胴をつくる。
革を筒状に縫う。

⑦ ⑥を⑤に縫いつけて、古タオルを入れる。

⑧ 脚をつくる。
片方の軍手の手のひらと甲のところを切りとる。二枚にする。

⑨ 一枚を筒状にして縫う。
もう一枚も縫う。

⑩ 胴に縫いつけてから少しかたい紙をつめる。

⑪ 靴をつくる。
二枚重ねて後と底と前の甲の部分を
縫いやわらかい紙をつめる。

⑫ 脚に縫いつける。

⑬ 腕をつくる。
筒にして縫い、古タオルを入れる。

⑭ 軍手の指につめものをして、
⑬に縫いつける。

⑮ 首のところに縫いつける。

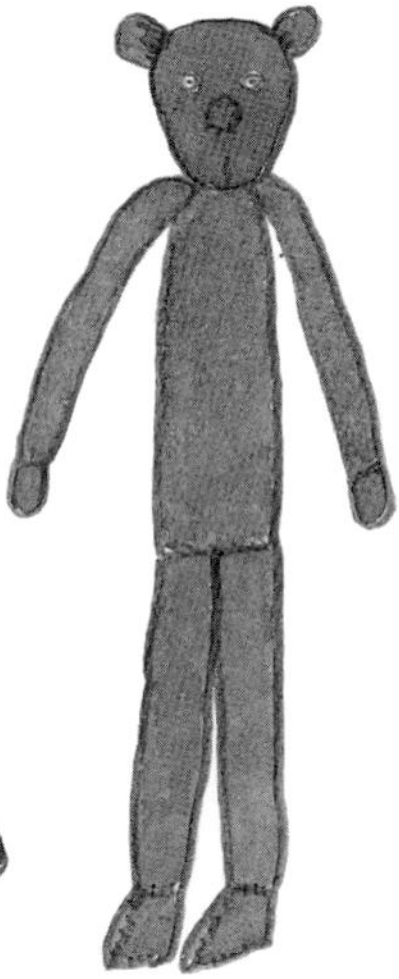

軍手と革が
おしゃれなくまになりました。

虫食いのあったセーターでつくったくま
首飾りはネームです。

空き校舎の利用——この学校の場合

教室のままのところもあります。例えばレクチャーなどに使用できる。なつかしいにおいと湿度が残っていました。

また、ギャラリーも映写室もありました。

教室の戸です。どこも引き戸でしたねぇ。

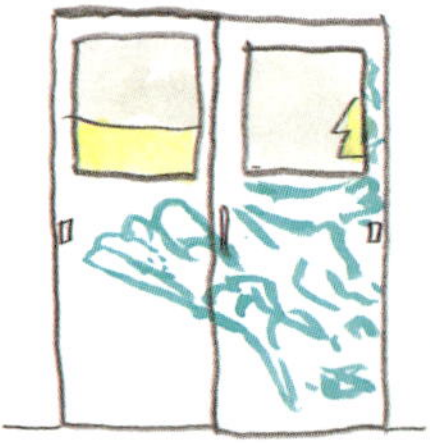

これは給食の配膳室の戸。現在発明家がこの部屋を使用。

テトラと名前のついたフェルト地のコイン入れです。四面の立体で一面を開けて使用する。

テトラバッグです。買ってしまった。

建築家たちの仕事が廊下に展示してあり、テトラに興味を持ったので部屋に入れてもらったのです。テトラは小林さん前田さん共同設立のPower Architects

カフェのカフェラテのカップ。私達が注文したら、別々色のカップが出てきました。まっ白のテーブルだから、よけいきれいに見えました。

もと保健室。現在はカフェです。お昼もあります。

今は小・中学校の生徒が減少してきていて、あちこちに空き校舎が出ているのだそうです。そこを有効に使おうと行政主導でいろいろ行われているらしい。東京都世田谷区立旧池尻中学校は都内では初めて民間に運営を任された空き校舎。株式会社ものづくり学校が運営をしています。建築、デザイン、映像、アート、プロモーション、発明など、物作りをする人たちにスペースを貸しているのです。ここではすでにプロとして仕事をしている一般とこれから創業していくジュニアがいて、それぞれの仕事に合った教室、ジュニアの場合は区切ったスペースを、貸し出していました。ほぼ満室で順調➘

そうに見えました。サポートが必要であれば、株式会社ものづくり学校が企業や団体と連携して進めていく。だからこれから独立(創業)していくユーザーが出てくる。私はこのプロジェクトがどう展開されているのか、ものすごーく興味がありました。元区立中学校の教室が一般に貸し出されるには、何らかの目的があろうと思いますし、ここではそれが物作りの支援であるようなのですが、やがて創業して区に貢献、がストーリー。目先のことではなくて育てていくのに使われることはいいなと思ったのでした。

1階から3階までの教室または配膳室または執務室または校長室など、覗かせてもらえるところを見せてもらいました。教室は外枠はそのままですが、それぞれが使いやすいように中を変えてもいいのです。ペンキ屋さんは壁をいろんな色に塗ってありました。2階の建築関係のユーザーは1教室に7グループ。区切って使っていました。皆さん若いのです。廊下にはそれぞれの現在の仕事が展示してありました。外部から相談があれば7グループがコンペというのもあるらしいのです。お隣の部屋は留守でしたが、ただ今古い住宅を低コストでリニューアル中。その工程が廊下にカレンダーで見せてありました。それにしても教室はぜいたくな空間です。

建築家たちの部屋はボードで区切られていて、出入口のスペースに接客、打ち合わせ等、共同で使用の机と椅子がありました。
世田谷ものづくり学校
でんわ 03-5481-9011
http://www.r-school.net/

ボランティアがゴミを拾っているきれいな公園

ゴミの話や犬の話をしていたら、犬が集まってきちゃった。

例外はどこでもいるから全部の犬連れがうんちのしまつをしているとはいわないけど、砧公園にくる人はほとんどしてる。

砧公園です。

↓印は今日の道順

×印は三ツ道具が置いてある。

サイクリングコースとファミリー広場は犬は入れない。

ゴミ拾いの三ツ道具
地図の×印の場所に備えてある。

軍手
ゴミはさみ
ゴミ袋

ゴミ拾い三ツ道具を
見てたら、
「ヤーノ！お久しぶりノ」
って声がかかってきた。
犬に散歩をさせながら
ゴミ拾いしている人。
「でもね、公園管理側と
犬連れはいろいろあるの」
とおっしゃってた。

拾われたゴミ

大人のラブちゃん
じゃなく
今日は仔犬ちゃん
だった。
お腹出して
遊んでよって。

うんちの袋

寒くても暑くても
雪でも雨でも嵐でも
犬の散歩は欠かさない。
砧公園は犬がいなければ
毎日歩くなんて
しなかった。
うちは犬と砧公園は
切り離して
考えられないのです。

実はうちの近所の都立砧公園のことなのです。少し説明しますと公園の真ん中がファミリー広場でその周りがサイクリングコースになっていて(この中に犬は入れない)、その外に区立世田谷美術館、バードサンクチュアリ、サッカー場、野球場、広場、散歩道などになっているのです。広い公園です。

1年前だったかうちの犬の知り合いの犬がボランティアマークのTシャツを着せてもらって、ゴミ袋を持った飼い主さんと散歩をしていました。「アレレレレ、どうしたんですか?」と飼い主さんに聞いたら「ボランティアでゴミを拾っている」とのこと。えらいなあと感心して↘うちも時間のある土・日ならできるかなと思ったのでした。数回参加しましたが、忙しいと言うか、余裕を持って散歩に出ないので、それにゴミ拾い用の軍手やゴミはさみや袋の置いてある場所が家から一番遠かったこともあり、続かなかったのでした。でも犬の散歩のついでではなく、ゴミ拾いだけのために公園を回っている男性を何人か見かけました。だから砧公園はきれいでした。

冬になって散歩の時間が大幅に遅くなり、遅くなればゆっくり散歩もできず、ゴミ拾いのボランティアの人に会わなくなったのです。

春になり花見の時期になったら、砧公

園をよくする会議の呼びかけ看板が立ちました。行ってみようかな？　と思って日にちを見たら残念！　仕事と重なっていました。

実はボランティアの人を見かけなくなっていて、そう言えばゴミが落ちてることも多くなっていました。どうなっちゃってるんだろう？　気になっていたのでした。

毎年花見の時期からG・Wまで、仮設トイレとゴミ小屋が数カ所できます。そして、去年はボランティアの人たちのおかげで、前日のゴミは早朝に一掃され、きれいな公園で皆さん遊べたというわけでした。きれいというのは誰かが努力しているんですよ。捨てたゴミが自然に1晩でなくなるなんてことはないのです。きれいな気持ちのいい公園で遊びたかったら、自分のゴミは持って帰ること。これは当然のことなんですけどねえ。今年もボランティアに頼ることになりそうです。

公園の外側の道を歩いていたらファミリー広場でゴミ拾いをしているボランティアの人を見つけました。

ベランダに水をまく。
温度がぐっと
落ちます。正しいです。

残暑の過ごし方いろいろ
——知人友人に聞きました

今は蛍光灯の形も
明りの色も
種類があるのです。
熱放射が少ないとか
電気代が安いなんて
すばらしい。
↑蛍光灯
↑白熱灯
白熱灯に近い色のがあれば
蛍光灯にしてみたいと思います。

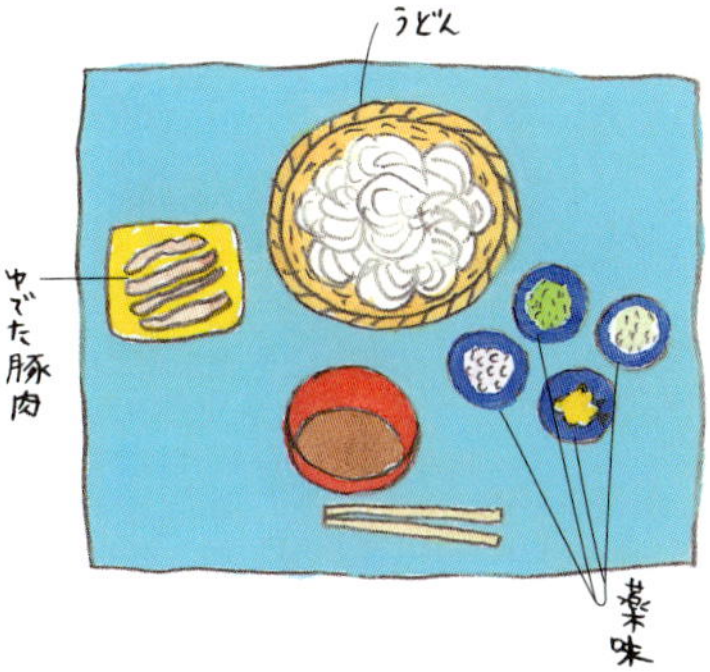
お昼に冷しうどん。
薬味は ねぎ、みょうが
しょうが しその葉等の薬味
をたくさん そろえてます。
うどん
ゆでた豚肉
薬味

一番暑い昼間は
図書館ですごす。
正しいですね。

半身浴して
すっきり感が
涼しいになるので
しようかね。
やってみてもいいなあ。

早く涼しくならないかなあ、ついため息と一緒に出てしまう言葉。皆さんお元気ですか？　夏バテなさっていませんか？

さて今回は、周りの人にこの時期の暑さ対策を聞きました。エコに結びつかないこともありましたが、夏バテ解消でもあるので書き出してみますね。

1　食欲が出るように辛いものや薬味を多く使う。みょうがやしょうがは欠かせない。ビタミンB_1が多い豚肉を食べるようにする。

2　冷蔵庫を上手に活用。食器やおしぼりを冷やしておく。

3　熱いお茶を飲む。冷たいと、おなかが疲れるから。

4　ぬるいお湯に入る。

5　半身浴をすると汗が出てすっきり。

6　ベランダによしずを斜めがけにして日陰を作る。

7　ベランダに水をまく。

8　朝早いうちに家事をすませる。

9　昼間は図書館に行く。

10　電球は熱を持つ白熱灯から、黄色い明かりの蛍光灯にする。蛍光灯は白熱灯より同じ明るさにするならエネルギー消費量が少ない。それもちょっとエコです。

毎日の暮らしの中で小さなことも気をつける。みんながそうすればかなりエコ度が上がると思うのです。ベランダに水をまくとか、電球を蛍光灯にするとか、そんなことでもとても大事なのです。クーラーどころか冷蔵庫も家庭になかった時代はこの時期どう工夫していたかと言うと、夕方庭や通りに水をまく、障子やふすまをはずして籐のものに替える、昼寝をして夏バテしないようにする。行水する。風呂上がり後、夕涼みをして体を冷やす。外を歩く時は帽子をかぶるか日傘をさす。冷やしたいものはちょろちょろ水を流しながら水に放す。まだまだあげていくとたくさんありそうです。今の生活の中でも、よく考えれば、涼しく暮らせる方法はたくさんあると思います。

あともうひと息、朝夕が涼しくなれば、やがて秋が来ます。

土器さんちの庭の秘密

土器さんに
テラスでお話を
伺いました。
とても気持いい
空気。
庭木の手入れは
大変と思うけど。

右のがユズリハです。

土器さんと庭を
ながめながら話していたら、
ひょいと侵入してきた猫。
汚れているから野良ですね。

おしっこして
草食べて
出ていきました。

これはおがたま
という木の花。
おいしいにおいが
します。

トクサ。
「どんどん
伸びるのよ」って。
それで先を
つまんだそうです。

新しく出てきた
ユズリハの葉。
茎が赤なの
です。

テラスでお庭が楽しめます。

細い露地を入るとつきあたりが「ディーズホール」。モダンな建物だけれど日本的な庭木です。

ギャラリー「ディーズホール」の土器《どき》典美《よしみ》さんの『だからキッチンが好きなんだ』（講談社）を前に読んだのですが、その中にお庭の植木は全部港区役所から↘もらったものと書いてあって、びっくりしました。このことは土器さんにいつか詳しく聞きたいと思っていました。ちょうど青葉の季節、塗師《ぬし》、赤木明登《あかぎあきと》さんがやっていらっしゃる展覧会を見に行ったので、後で外の椅子に座って庭を眺めながら聞いてきました。

港区には「港区グリーンバンク事業」が設けられていて、区内の不用になった庭木などを引き取って、欲しい区民に斡旋しているそうです。引き取った木は浜松町駅の近くの桜田公園に移して番号札をつけて移植保存してあるとのこと。土器さんはたまたまほかの用で港区役所のホームページを見ていて見つけ、これはいいなと思って、桜田公園に行き30本ぐらいもらってきたんだそうです。30本ですよ。ただなんですって。しかも家の前まで運んできてくれたのだそうです。もともと港区の庭木だから、土器さんの青山の庭に移植してもすぐなじんだそうです。実際いい感じです。南天、紅葉、ヤツデ、ユズリハ、月桂樹、アオキ、ピラカンサ、オガタマ、クチナシ、紫陽花、椿などが3年目を迎えて、しっかりお庭に根づいていました。

「枯れた木はありました?」と聞いたら「1本だけ枯れたんですよ。カクレミノという木。それで今度はユズリハをもらってきたの」

そのユズリハがちょうどたくさんの新しい葉をつけていました。「新しい葉が出てくると古い葉は落ちるの。だからユズリハという名前がついてるのよね」と土器さん。「でもね、都心でこれだけ木があると、蚊もいっぱい出てくるし、もちろんほかの虫も。それに雨が降ると泥が上がってコンクリートの部分が汚れるし、けっこう大変。でもそれに勝る気持ちよさがあっていいのよ」って。

古い家はことごとく壊され、当然庭木は切られ破棄されてます。でも庭木の斡旋をして少しでも緑がなくなるのを阻止しているところがあるというわけです。素晴らしい。

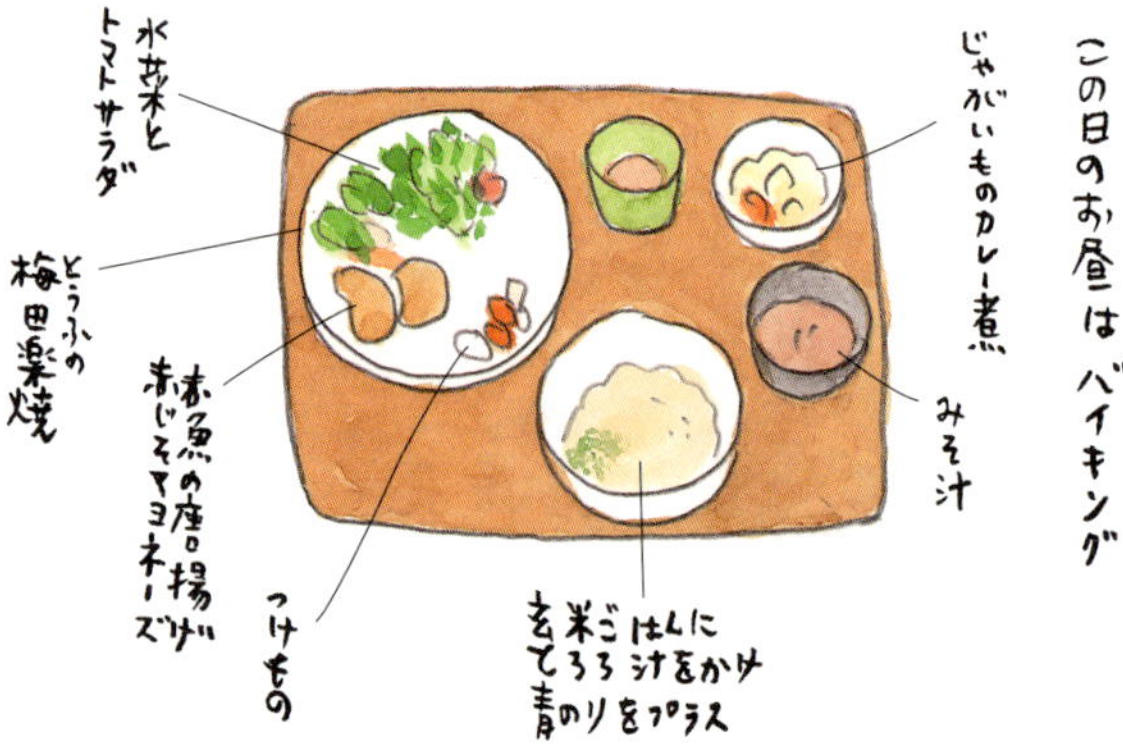
この日のお昼はバイキング
じゃがいものカレー煮
みそ汁
玄米ごはんにとろろ汁をかけ青のりをプラス
つけもの
赤魚の唐揚げ青じそマヨネーズがけ
とうふの梅田楽焼
水菜とトマトサラダ

自然食レストランの「クレヨンハウス」でお昼を食べました

野菜広場は通路をはさんで右側にもあります。
この建物の中は調味料やとうふや牛乳等冷蔵品と魚や肉の冷凍品があります。

やっぱり
お子さま連れの
人も多い。

クレヨンハウス
オーガニックレストラン
でんわ 03-3406-6409
http://www.crayonhouse.co.jp/

例えばしょう油から
安全な食材を始めて
みる。ちょっと幸せな
気持、豊かな気持に
なれます。不思議。

このしょう油
材料-国産有機大豆
国産有機小麦
塩だけ。

取材に行ったのに、お昼を食べて
食材をたーくさん
買いました。

買ったトマトは
その日に食べました。
おいしかった。

レモンはしぼって はちみつ
入れて お湯でといて、
レモネードにしました。

人間の生命にかかわる地球環境問題は個人で解決できるものではありません。個人レベルで体によくないものを排除できるのは、食しかないと思います。害のない食材を選んで調理して食べること。だってまず食物で私たちの体は生きているのですもの。でも外出した時はどうする？　農薬、添加物、防腐剤、ホルモン剤などを使っている食材は、できることなら避けたいと思うのです。でもあちこちに自然食レストランがあるわけじゃありません。だってあの手の食材はお高いから。まあ一般的でなくても仕方ないか。

それにしても自然食レストランってどう食材を調達しているのでしょうか、➘

興味があります。それでたまーに食べに行く青山のクレヨンハウスの自然食レストランの岩間さんにお話を伺いました。

クレヨンハウスは子供の本とレストランで'76年にスタート。そしたらアレルギーのお子さん連れのお母さんから「子供の本専門店なのにレストランが自然食じゃないんだ、残念」の声があり、経営者の落合恵子さんがオーガニックの食材のレストランにしようと決められた。ところがまだ有機栽培の野菜は店に出せる生産量はなかったんだそうです。'92年に大阪店が有機農業を支援する「ポラン広場」という団体があることを知り、交渉。でも八百屋さんをしないと卸してくれないとわかり、小売りもすることになりました。もちろんレストランは、すべて自然食です。

　最初のころ、有機栽培の野菜は、不揃い、洗ってない、それでコックさんから手間がかかると不満が出たそう。まだそういう時代でした。今は生産者とスタッフの方たちが意見を交換し合って、より納得のいくものを作ってもらっている。また肉も農薬や化学肥料を使わない飼料で育てたもの、魚も現時点では回遊魚だけを使っているそうです。

　その日のお昼はもちろんクレヨンハウスのバイキングを食べました。やっぱりおいしかった。たった1食なのになんか元気になったように思いました。体に悪いものを食べなかったという気持ちのせいなのでしょうね。また食べに行こうと思う。

サラリーマンも。
バイキングだと、
食べられるだけ
よそえるからいいね

まず物をムダにしないことと
思うんだけど

金継ぎをしたもの。

きゅうすのふた。

小さい鉢。

大きな湯のみ。

なおるとうれしい！

修理に出したもの。

弁当箱

ふき漆だったのが
厚手のになったもの。

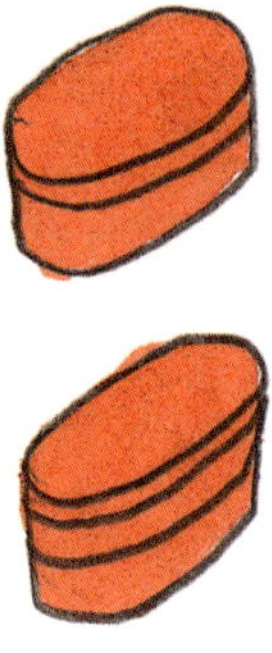

中の傷みだけなおしてくれて
外側は前のままの。

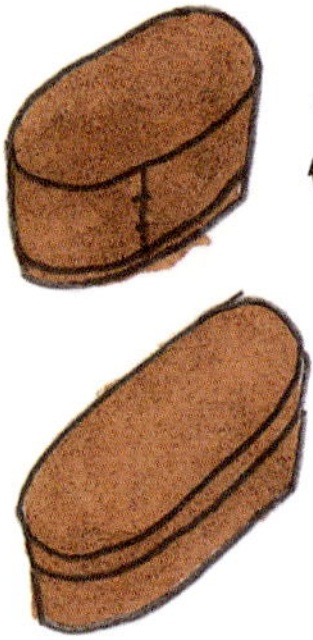

口紅ですが
できるだけ使いきろうと
努力しています。
筆でぬれば大丈夫なんだもの。
みみっちいけど。

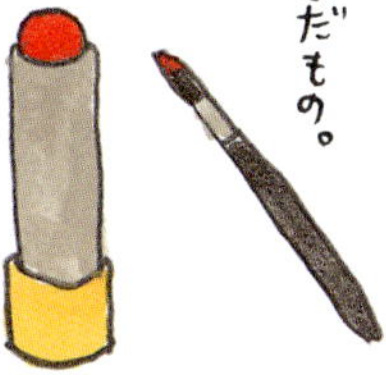

買物はやっぱり袋持ち込み。
でもスーパーのビニールの袋は
燃えないゴミ入れたぴーったりで、
便利は便利なんですよ。

私の祖母の妹の
横須賀のオバアサマは
包装紙やひもを
再使用のために
きちんととっておくのが
常識といいました。
が、今はなかなか
再使用に至りません。
とっておくだけになってしまうのです。

漆塗りのお弁当箱が傷んで気持ちよく使えなくなったので、修理に出しましたら、けっこうなお値段でした。聞けば修理といっても塗の工程を繰り返して直すわけですから、当然でした。

金継ぎを習いたいなあ、と思っていました。というのも私の家には欠かしてしまったお皿や鉢がたくさんありますから。たまたまある雑誌の企画で、金継ぎを習うことになりました。金継ぎキットで欠けたお皿を継ぐのです。漆を使って接着して、最後に金を貼る本格的な金継ぎです。漆を扱うのはなかなかむつかしい。実は先生に習ったにもかかわらず、私はいっぺんでかぶれてしまいました。漆↘かぶれは厄介です。相当イヤな思いもします。やっぱり修理は専門家に出さないとダメだと思いました。

ワンピースのウエスト位置を上げる、ワイドパンツの裾を少し狭くする、ジャケットの肩幅を縮める。いわゆる「お直し」屋さんに出して再び着られるようにする。そういう直し屋さんはあちこちにあります。私のような人が多いということです。直しに出せば格好よくなるとわくわく待ったのですが、なぜか直った服はうれしく着られませんでした。思いどおりに直らない、というより元の形に無理を加えるわけだから、バランスが崩れるのです。成功率は5％ぐらいでしたね。

ムダにお金を使っただけでした。もう直さないことに決めました。もったいないから直して使おう、着ようとしているのに、結果はムダなことを重ねてしまったのです。

資源は限られているから、ムダなことはできるだけしないは、私においてなかなかむつかしかったということでした。

91歳になる私の母が寝たきりになって、介護しやすいように部屋の改造をしましたが、母の持ち物を整理する段になって、すくみました。どれもこれも再使用できるものじゃなかったのです。どう見てもゴミばっかり。もったいないはイコール捨てないことではないんじゃなかろうか。

上手に捨てていくことも大事と思いました。今一度自分の暮らしを見直してみる。明日からムダをしないために何をすればいいのかを考えてみたいと思います。一人一人ができるだけムダをしない意識さえあれば、例えば地球の温暖化だって食いとめられるかもしれないじゃない、と私は妄想します。

お直し①
背が小さいから すそを切って
短くしますが、幅もつめないと
バランスが悪いので。

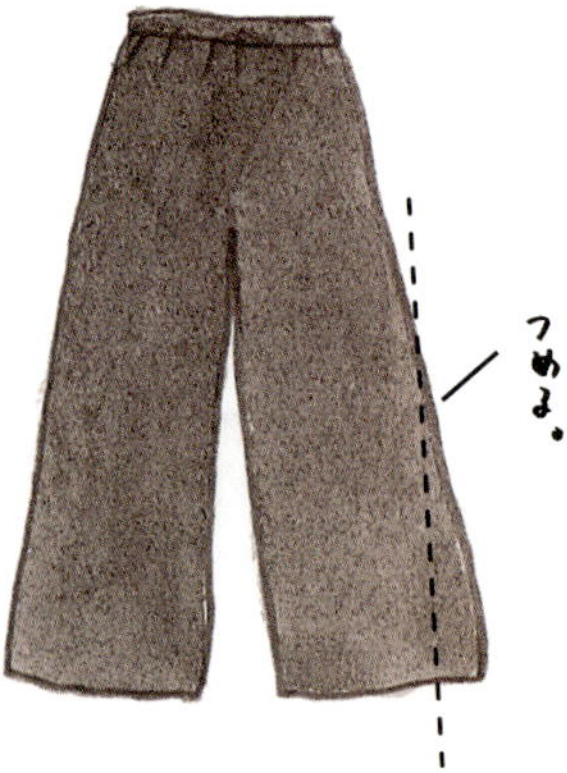

お直し②
背が小さいのでワンピースやウエストラインがある
コートは、身頃を短くする。
これ成功例ゼロ。

お直し③
肩パッドはとって、
肩幅も狭くして。
たーいへん！

お直し④
なるべく袖つけのない
ウエストがしぼってないデザインのを
買いますが、ポケットの位置は
切り込みのだと動かせませんねぇ。

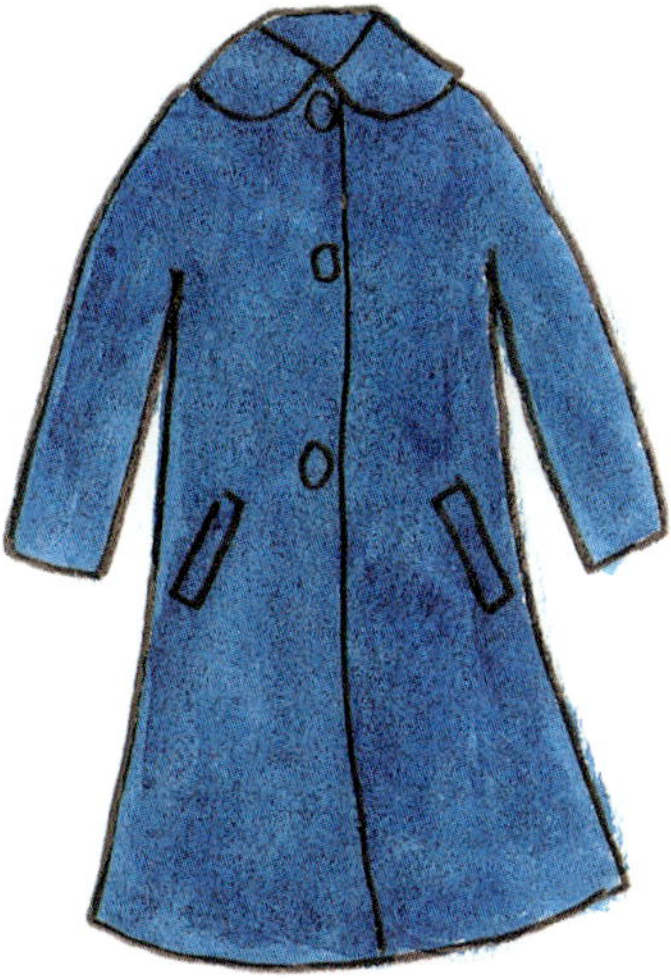

おわりに

長い間『ＬＥＥ』のコラムページに衣食住とその他の生活に関することを書かせてもらってきました。それを、『おしゃれアイデア通信』、『テーブルの上のしあわせ』としてまとめてもらいました。どれも力強いいい本に作ってもらっています。形も大きさもページ数もレイアウトも違います。３冊目のこの本は、最後の約５年間のをまとめていただきました。担当の田中真理子さんが編集をしてくださいました。デザイナーを決めることから始めてもらいました。おしゃれでかわいらしいいいデザインで送り出せることをうれしく思います。実はだいぶ前からそろそろコラムを下ろしていただくお願いをしていましたが、あと1冊作れるまでということで、'05年の12月号まで書かせてもらいました。それでコラムから3冊もの本を出していただけたのです。そして今また文庫化をしていただけました。編集の山本智恵子さんが担当してくださいました。とても感謝しています。また、この本を読んでくださった方々にお礼申し上げます。ありがとうございました。

二〇一〇年十月

大橋　歩

この作品は二〇〇五年十二月、集英社より刊行されました。

本文デザイン　葉田いづみ
本文イラスト　大橋　歩

大橋　歩の本

くらしのきもち

少女の頃、駆け出しイラストレーター時代、育児、住まい、犬のこと……毎日をまじめにきちんと、そして楽しく。数々の出会いを通して考えたことや、気持ちの原点をまっすぐ綴ったエッセイ。

おいしい　おいしい

家の料理と外の食事、ひとりごはんとみんなでごはん、噂のレストランや老舗の和食、お買い物や旅先でのおみやげ……食べることが大好きな著者が初めて書いた「食」の本。レシピも充実。